組織再編における債権者保護

詐害的会社分割における「詐害性」の考察

牧 真理子
Maki Mariko

法律文化社

はしがき

　会社分割制度は平成12年商法改正によって導入されたが，平成17年会社法制定以降，分割会社の残存債権者を害するいわゆる詐害的（濫用的）会社分割が頻繁に行われていた。残存債権者保護に関しては，判例上の保護類型が確立し，平成26年改正会社法においても立法的解決がなされ，今日では詐害的会社分割の件数は減少しているといわれている。

　詐害的会社分割に関する研究に取り組み始めたのは，筆者が東北大学大学院法学研究科後期課程の在籍期間中，最後の1年である平成23年頃からであった。そして，平成24年に大分大学経済学部に赴任する機会を得て研究を続行し，これまでの成果をまとめたのが本書である（本文中，ドイツの詐害性，商号続用責任規定，組織再編に係る決議の効力を争う訴えに関する記述については，それぞれ拙稿「ドイツ法における『詐害』の意義―組織再編法の検討」経済論集68巻1・2合併号（2016年）25頁以下，同「事業譲渡における債権者保護―商号続用規定の検討」経済論集69巻1・2合併号（2017年）33頁以下，同「組織再編に関する決議の効力を争う訴え」早川勝＝正井章筰＝高橋英治編『ドイツ会社法・資本市場法研究』（2016年，中央経済社）448頁以下，の内容を踏まえ，発展させている）。

　研究期間中，平成24年最高裁判例が示され，平成26年の会社法改正があり，そして債権法改正の議論が進み，平成29年の民法改正へと続いていた。そのようななかで，詐害的会社分割についてはすでに多くの優れた先行研究が公表され，議論が尽くされていたように思われる。しかし，筆者としては，依然として，詐害的会社分割における詐害性とは何かという疑問が漠然と残っていた。

　詐害的会社分割における詐害性は，会社法，民法および破産法に交錯している。それゆえ，詐害性の意義を考察するには，それらの関係性から検討しなければならない。ドイツでは，組織再編法がわが国の物的分割に対応する会社分割を規定し，残存債権者の保護規定を有している。倒産法はわが国の破産法の

母法であり，債権者取消権法上の取消権はわが国の詐害行為取消権と対応しており，なおかつ倒産法と債権者取消権法が起源を同じくしている。そこで，この検討課題について，ドイツ法を比較対象として示唆を得ることとした。

　本書の結論は，詐害性は，債権者平等を基軸として偏頗性から判断すること，しかし，債権者平等を害しているということだけではなく，付加的考慮要素として債務者の行為態様等を含めて判断されるということである。

　ドイツの組織再編法および倒産法は，事業継続や事業再生を重視して構成されており，筆者は，そのことが上記の付加的考慮要素の範囲を広くするのではないかと考えているところである。わが国において，会社分割や事業譲渡が事業再生スキームの一環として利用されていることからすれば，上記の判断基準は，わが国の参考になりうると考えられる。

　筆者が本書をまとめることができたのは，これまでの研究生活において多くの先生方から賜ったご指導によるものである。とりわけ，指導教授であった吉原和志先生には，東北大学大学院法学研究科後期課程に進学してから現在に至るまで，温かく，かつ厳しくご指導を頂いている。吉原先生には，筆者の至らなさや，向こう見ずな研究内容について，随分ご迷惑をおかけしてしまったことを申し訳なく思うとともに，筆者を受け入れてくださったことが現在の研究生活につながっていることに，心から感謝を申し上げたい。大阪市立大学の高橋英治先生には，日頃からドイツ法のご教示を賜るとともに，本書の執筆のきっかけを頂いた。そして，関西学院大学大学院法学研究科でご指導頂いた先生方，一時，事務職員として勤務させて頂いた法律事務所の先生方，東北大学商法研究会および九州大学産業法研究会においてご指導頂いた先生方，筆者と同時期に大学院に所属されていた皆様，この全ての方々との関わりが，筆者の現在の研究へと繋がっていることに感謝したい。そして，大分大学経済学部には，この上ない研究・教育環境を与えて頂いていること，本書の刊行にあたっても，学術図書刊行助成を得ることとなっており，感謝したい。同僚の先生方にも，筆者の研究の話を辛抱強く聞いて頂いたり，日々の会話から知的刺激を頂いている。最後に，筆者を見守ってくれている家族にも心から感謝したい。

　本書を刊行するにあたって，法律文化社の梶原有美子氏，同社の皆様には出

版計画段階から多大なご配慮を頂き，読みにくい原稿に目を通して頂いたことに，心からお礼申し上げる。

〔追記〕
本研究は，JSPS科研費，JP17K03469の助成を受けたものである。

2018年9月

牧　真理子

目　次

はしがき

第1章　問題提起 ―――――――――――――――――――― 1
――詐害的会社分割における「詐害性」とは何か

Ⅰ　序　説　1

Ⅱ　倒産処理手続における会社分割および事業譲渡　3
　1　会社分割および事業譲渡　3
　2　債権者平等・支払不能　6

Ⅲ　判例の動向　9
　1　会社分割　9
　2　事業譲渡　15
　3　小　括　17

Ⅳ　法改正の動向　18
　1　平成26年改正会社法　18
　2　平成29年改正民法　20

Ⅴ　本書の目的　22
　1　検討の方法　22
　2　先行研究との関係　23
　3　比較法の対象　25
　4　検討の順序　27

第 2 章　詐害性の判断基準 ──────────── 35
──ドイツ法の比較法的考察

Ⅰ　概　　観　35

Ⅱ　会社分割および事業譲渡の状況　37

Ⅲ　組織再編法　40
　1　概　　観　40
　2　債権者保護規定の意義　45
　3　日本法への示唆　54

Ⅳ　倒　産　法　55
　1　概　　観　55
　2　否認権行使に関する詐害性　60
　3　債権者平等　67
　4　事業再生　69
　5　日本法への示唆　71

Ⅴ　債権者取消権法　72
　1　概　　観　72
　2　債権者取消権行使に関する詐害性　73
　3　否認権および債権者取消権の調整　74
　4　日本法への示唆　75

Ⅵ　商　　法──商号続用責任規定　76
　1　概　　観　76
　2　学説および判例　77
　3　組織再編法上の連帯責任との関係　80
　4　日本法への示唆　82

Ⅶ　組織再編に係る決議の効力を争う訴え　83
　1　概　　観　83
　2　組織再編の存続保護　86
　3　日本法への示唆　87

第3章 わが国における課題検討 —————————— 103
       ——ドイツ法からの示唆を踏まえて

Ⅰ 平成26年改正会社法の規定の位置づけ　103
　1 概　　観　103
　2 詐害的会社分割および詐害的事業譲渡　104
　3 詐害性の意義　108
　4 破産法上の否認の類型による整理　110

Ⅱ 平成29年改正民法の規定の位置づけ——詐害行為取消権　116
　1 詐害行為取消権の性質　116
　2 破産法上の否認権との関係　118
　3 平成26年改正会社法の規定との関係　123

Ⅲ 債権者平等　125
　1 概　　観　125
　2 詐害性の判断基準としての債権者平等　127
　3 事業継続　129

Ⅳ 詐害性が認められない会社分割および事業譲渡　132
　1 情報開示・総債権者の同意・中立公正な第三者の関与　132
　2 事業再生との関係　134

Ⅴ 小　　括　136

第4章 結　　語 ————————————————————— 149

第1章　問題提起
―― 詐害的会社分割における「詐害性」とは何か

Ⅰ　序　説

　経営が危機的状況にある会社は，事業再生のスキームの一環として，会社分割や事業譲渡を行うことがある。このような局面において会社分割が行われた時に，事業を分割し承継させる側である分割会社の債権者が害される，いわゆる詐害的会社分割が行われ，問題となっていた。典型的には，新設分割を利用して，当該会社の優良事業・重要事業を設立会社に移転し事業を継続させ，分割会社に残存する債権者（以下，「残存債権者」という）の債権回収の対象となる責任財産を著しく毀損し不利益を与えるという事例や，分割会社を倒産させることにより，残存債権者の追及から逃れるというような事例が現れていた。この問題については，判例上，民法上の詐害行為取消権，破産法上の否認権の行使，会社法22条1項の類推適用，会社分割無効の訴えおよび法人格否認の法理といった残存債権者の保護類型が形成され，平成26年改正会社法においては詐害的会社分割における残存債権者保護規定が新設され，立法上も解決が図られていた（詐害的事業譲渡についても同様に規定が新設された。）。

　しかし，このような立法的解決が図られた後にあっても，検討すべき問題が残っていると考える。すなわち，詐害的会社分割，そして詐害的事業譲渡における「詐害性」とは何かについてである。詐害性の意義は，判例および学説によって既に示されてきたところであるが，さらに検討が必要であると考える理由は，次のとおりである。

　第一に，平成26年改正会社法により新設された残存債権者保護規定の詐害性

の意義は，立法過程において，民法上の詐害行為取消権のそれと同様に解すると説明されていたが[1]，詐害行為取消権は，平成29年改正民法により破産法上の否認の類型と平仄を合わせて特則が設けられ，詐害性の要件や効果も規定された。そのような背景から，詐害性の意義に関する会社法，民法および破産法の交錯について，いま一度整理し，詐害的会社分割や詐害的事業譲渡の本質について検討する必要があると考えるためである。

第二に，第一の点と関連して，詐害性の意義は，会社が倒産に至っていない平時と倒産時を分断せずに，会社法，民法および破産法を通して，同様のものとして捉えられるのではないかと考えるためである。平時と倒産時の区別は，支払不能が基準となっている。破産法上の否認権においても，詐害性の要件の一つとされている偏頗行為は，支払不能を基準として債権者平等を問題としている。しかし，実際上は，会社が支払不能状態にあっても倒産手続に入らないということもあり，支払不能時は，客観的に定まらないものといえる。それゆえ，平時と倒産時の区別によらず，詐害性の意義を捉え直すことについても，検討する必要があると考えられる[2]。

第三に，詐害性の意義を検討することによって，詐害性が認められない会社分割や事業譲渡と判断されるための基準を明確にすることができるのではないかと考えるためである。詐害性の判断基準が不明確であると，会社分割や事業譲渡における詐害性の有無が問題となりうる場合に，それらが取消や否認の対象となる可能性は，事前に判断されにくいことになる。これは事業再生の試みを阻害することにもつながるといえる。それゆえ，詐害性の判断基準が明確であることは，本来の制度趣旨に適う会社分割や事業譲渡の実現に資すると考えられる。

なお，このような問題は，経営が危機的状態にある会社が，倒産手続移行前に，事業再生スキームの一環として会社分割や事業譲渡を行う場合や，倒産手続開始決定を受けた会社が倒産手続として行う場合（以下，これらを「倒産処理手続」という）に，最も顕著に現れると考えられる。それゆえ，本稿では，会社が倒産していないが危機時にある場合と倒産時を念頭において検討を行う。

以上のような問題意識に基づき，詐害的会社分割や詐害的事業譲渡の詐害性

の意義について，わが国の現状を把握したうえで，わが国と同様の組織再編法制を有するドイツ法を比較対象として検討し，示唆を得るという方法を採用して，研究を進める。

本章の以下の検討では，会社分割や事業譲渡の制度概要，判例および学説の展開，関連規定の内容等を確認し，次章以降の検討方法について示す。

II 倒産処理手続における会社分割および事業譲渡

1 会社分割および事業譲渡

(1) 概 観

会社分割は，企業の国際的な競争が激化した社会経済情勢の下で，企業の経営効率性を高め，企業統治の実効性を確保するために，柔軟に組織の再編成がされることを目的として，商法に導入された[3]。2000 (平成12) 年の会社分割制度創設以前から，事業譲渡および現物出資，財産引受け，事後設立等の方法による子会社の設立によって事実上の会社分割が行われていた。会社分割は，事業譲渡の手続の煩瑣性を解決するためのものという位置づけがなされた。以下では，会社分割および事業譲渡を概観し，両制度の相違点を確認する。

　　(a) 会社分割　会社分割とは，会社がその事業に関して有する権利義務の全部または一部を，分割後他の会社（以下，「承継会社」という）または分割により設立する会社（以下，「設立会社」という）に承継させることをいう。吸収分割とは，分割を行う会社（以下，「分割会社」という）の権利義務を承継会社に承継させるものをいい（会 2 条29号），新設分割とは，分割会社の権利義務を設立会社に承継させるものをいう（同条30号）[4]。平成17年改正前商法は，承継させる権利義務の対価として，承継会社または設立会社が発行する株式を分割会社に割り当てる物的分割と，分割会社の株主に割り当てる人的分割を規定していたが，会社法の下では，物的分割のみが認められている。

会社分割制度の導入以前に，事実上の会社分割を行うために利用されていた事業譲渡は，変態設立事項としての裁判所の選任する検査役の調査，債務の承

継に関する債権者の個別の同意，事業譲渡の対価として通常は資金を用意しなければならないこと等を要求している。これに対して，会社分割制度には，便宜的な手続設計がなされた。会社分割により，分割会社の権利義務は，分割計画書または分割契約書の記載に従い，承継会社または設立会社（以下，「承継会社等」という）に包括承継される。そして，一定の債権者のみが債権者異議の対象となる[5]。平成17年改正前商法の下では，会社分割に際して，分割会社および承継会社等が負担する債務について「各会社ノ負担スベキ債務ノ履行ノ見込アルコト及其ノ理由ヲ記載シタル書面」が株主および債権者に対する事前開示事項とされていたため（改正前商法374条ノ2第1項3号・374条ノ18第1項3号），「債務の履行の見込み」は会社分割の有効要件であった[6]。しかし，会社法は，会社分割をより容易に迅速に行えるようにするため，「債務の履行の見込みに関する事項」を記載した書面を備え置くことを規定するに留めている（会社規205条7号）[7]。便宜的な手続設計を有する会社分割は，権利義務の承継を恣意的に選別し，会社の不採算部門を分社化することや，不採算部門を分割会社に残し，業績の良好な事業部門を承継会社等に承継させることを可能としている。それゆえ，会社分割は，通常の組織再編として利用されるほか，倒産処理手続のための重要な手法となるのである。

しかし，会社分割制度の導入の趣旨から外れ，分割会社に残存する債権者（以下，「残存債権者」という）を害する事例が現れ，問題となっていた[8]。このような会社分割は濫用的会社分割または詐害的会社分割と呼ばれている[9]。

（b）事業譲渡　事業（営業）譲渡とは，会社が事業の全部または一部を構成する各種の財産および事実関係を，他の会社に譲渡する行為をいう[10]。事業の概念は，平成17年改正前商法下の営業の解釈が引き継がれ，「一定の営業目的のために組織化され，有機的一体として機能する財産」と解されている[11]。

事業譲渡は通常の取引法上の契約であり，実体は当事者による事業の売買契約である。会社が事業の全部または重要な一部を他の会社へ譲渡すること，会社が他の会社の事業の全部を譲り受けることは，株主に重大な影響を及ぼす。それゆえ，会社分割では不要とされる諸手続が必要となる。事業譲渡の当事会社の権利義務は一括して承継されるのではなく個別承継される。個別の財産ご

とに移転手続が必要となり，個別に相手方の同意を得る必要がある。債務承継がある場合には，債権者から個別に同意を得なければならない。

事業譲渡も，株式会社の事業売却や事業の再編・提携，組織再編の局面で利用され[12]，経営が危機的状況にある会社にとっては，倒産処理手続のための手法となる。典型的には，経営が危機的状況に陥った会社が，採算性のある事業部門を保有している場合に，その事業について簿外債務を承継するおそれのない条件で別の会社に承継させ，事業の存続，再建を図る事例や，事業譲渡により譲渡会社が事業の選択と集中を図り，または不採算部門を譲渡することで財務状況を改善するという事例がある[13]。経営が危機的状況にある会社が，債務を残して全ての事業を他の会社に廉価売却し，または経営状態のよい部門のみを他の会社に譲渡して，譲渡会社を破産させるような場合等に用いられるときは，このような事業譲渡は詐害性を有するとして問題となる。

(c) 両制度の相違点　会社分割および事業譲渡は，いずれも事業に関する権利義務のどの部分を承継するかについて当事者の意思に委ねているが，会社分割の部分的な包括承継と事業譲渡の特定承継という差異が債権者異議手続上の違いを導くなど，両制度は手続や効果等の面で異なっている[14]。

両制度の実質的な相違点として，会社分割では，承継会社等は分割会社から移転される事業の権利義務を包括承継するため，許認可が必要な事業が承継される場合には改めてこれを取り直す必要がないこと[15]，事業譲渡とは異なり検査役選任が不要で事業再生のスケジュールが立てやすく，事業承継の対価として株式を交付すればよいので資金を用意する必要がないこと[16]，倒産処理手続において，債務者の事業再生のために必要であるなど一定の要件を満たす場合には，会社分割では計画案によることが義務付けられているが，事業譲渡ではいわゆる計画外事業譲渡により，再生計画等の効力発生を待つことなく，債務者の事業をスポンサー等に対して速やかに譲渡できること（民再42条，会更46条2項，破78条2項3号，会536条）等，債権者等の利害関係人の利益を保護するために，企業価値の迅速な保全，維持を可能としている点が挙げられる[17]。一方で，詐害的事業譲渡に関する平成26年改正会社法の規律においては，会社分割と事業譲渡の規定方法に接近がみられると解されている[18]。

(2) 倒産処理手続における利用

　会社分割や事業譲渡は，通常の組織再編として利用されるほか，経営が危機的状況にある会社にとっては，倒産処理手続のための重要な手法となる。債務者の事業再生のために必要である等，一定の要件を満たす場合には，法的整理のほか私的整理の手法にもなっており，事業譲渡は，銀行による倒産企業の自主再建支援の制度である事業再生ADRにおける利用も進んでいる。

　私的整理は，会社更生法や民事再生法などの法的整理によると事業価値が著しく毀損してしまうと考えられる場合に，裁判外で債務を整理する制度であり，事業再生ADRは金融債権者のみを原則的な対象とするものである。事業再生ADRの法的位置づけについては議論があるが[19]，実体面に着目して，法的倒産手続との同質性が認められている[20]。しかし，手続上の実効性や迅速性が優先され，法律的な構造が十分に明らかにされていないという点が問題であるといわれている。この問題は，主に倒産法分野から研究が進められ，債権者の手続保障について指摘され，事業譲渡の必要性の要件について議論されている状況にある[21]。

　事業再生スキームにおける会社分割や事業譲渡については，分割会社や譲渡会社の債権者が，これらを行ったとしても債権者への弁済率が低いと考えたり，清算手続に入り配当を得るほうが良いと考え，債権者の利益にならないとして反対することがありうる。債権者保護と事業継続の必要性の拮抗は，債権者の利害調整や詐害性と関係している。

2　債権者平等・支払不能

(1) 債権者平等

　倒産処理手続のなかで会社分割や事業譲渡が利用される場合，詐害性を有していないか，すなわち債権者間の利害調整が適切になされているか問題となる。会社分割で事業再生を図る場合には，残存債権者に対し十分に説明したうえで，残存債権者への弁済が会社分割前より特段不利にならないよう配慮することが望ましいと唱えられることがあるが[22]，倒産処理手続においては，債権者は十分な満足を受けられないことになる。それゆえ，倒産法は，債権者の一般

の利益を図り，債権者全般に概ね不満が出ないような処理を規定している[23]。

　債権者平等は，倒産法制を通して規定されているが，平成29年改正民法によって詐害行為取消権が破産法上の否認権と平仄を合わせたことにより，詐害行為取消権にも影響を及ぼすことになった。債権者平等の内容は曖昧であるため，それぞれの法領域における内容と相互関係を明らかにすることが必要であるとの見解がある[24]。倒産法の手続上の実効性や迅速性が優先され，債権者平等は形式的平等が修正され実質的平等が考慮されているが，この法律的な構造が明らかではないということも指摘されている[25]。破産法上の債権者平等とは，破産債権者の間の平等が確保され，実体法秩序を踏まえた優先劣後の順位に即した分配がされることをいう[26]。

　民事再生については会社分割や事業譲渡が，民事再生手続に先立って行われるか，民事再生手続開始後に再生計画内で行われるか，もしくは再生計画外で行われるか，それぞれの場面に応じて，債権者保護に関する問題の性質は異なりうる。民事再生法174条2項4号は，再生債権者の一般の利益に反するときは，裁判所は再生計画の不認可の決定をすると規定しており，「再生債権者の一般の利益」とは，破産配当率よりも再生計画による弁済率の方が上回るという清算価値保障原則を意味すると解されている[27]。会社更生も民事再生と同様に清算価値保障原則の下で運用されるものである[28]。民事再生法や会社更生法が規定する債権者平等とは，債務者の事業継続，手続円滑化等の観点から，衡平ないし実質的平等に基づいたものとなり，破産法の場合とは異なっている。

　債権者平等の原則における衡平ないし実質的平等の内容は，経済や時代の変遷とともに変化するものであるから，衡平と平等の調和や，債権者平等の例外に着目して検討するのが望ましいといわれており[29]，平成29年改正民法の規定と相まって，その内容を，改めて確認する作業が必要となるであろう。

(2) 支払不能

　次に，倒産法上の支払不能の概観を示す。支払不能は債権者平等の概念を支えている。倒産法上の債権者平等の概念は，実体法上にも拡張されてきており，詐害的会社分割や詐害的事業譲渡における詐害性の判断基準にも関係して

いる。

　支払不能は，債務者が，支払能力を欠くために，その債務のうち弁済期にあるものにつき，一般的かつ継続的に弁済することができない状態のことをいう（破 2 条11項）。支払不能は，破産手続，民事再生手続，会社更生手続開始の原因（破15条 1 項，民再21条 1 項・33条 1 項，会更17条 1 項 1 号・41条 1 項）や，偏頗行為否認（破162条 1 項），相殺禁止（破71条 1 項 2 号・72条 1 項 2 号）を画する基準としての役割を有している。支払不能は，債権者平等，すなわち債務者倒産リスクを公平に負担するという観点から共通して解釈されている[30]。

　支払不能の判断基準については，学説上の議論がある。通説は，支払不能とは債務者が支払能力を欠くために，弁済期の到来した債務について一般的かつ継続的に弁済することができない状態にあることをいい，弁済期未到来の債務について将来弁済できないことが確実に予想されても，弁済期の到来した債務について現在支払っている限りは支払不能には該当しないという（必要説）[31]。一方，弁済期の到来した債務や現実の債務不履行は不要であり，将来弁済期が到来する債務について，将来において弁済できないことが確実であると予想できた時点で，支払不能に該当するという見解が強力に唱えられており（不要説）[32]，不要説によると考えられる裁判例も現れている（東京地判平成22年 7 月 8 日判時2094号69頁）。このほか，必要説と不要説の中間的位置づけとして，弁済期の到来した債務は必要であるが，債務の履行が仮にされたとしても，その弁済資金を調達するために，投げ売りや高利の借入れ等の無理算段をしたようなときは，支払不能を肯定するという学説もある（無理算段説）[33]。

　支払不能の概念は，倒産処理手続の開始原因や債権者平等の原則を支えるものであるが，判例および学説の展開状況からは，客観的かつ明確に定まるものではなく，時的に幅のある概念であると考えられる[34]。支払不能の概念が柔軟になっていることは，当該概念に関する考慮要素を，各事案に応じて検討されるべきものとしているように考えられる。しかし，事業再生の促進や実質的な利益衡量に基づくならば，合理性が認められるであろうが[35]，債権者平等や裁判所の裁量の拡大という観点からは，疑問が提起されている[36]。

　以下で検討するように，詐害的な会社分割や詐害的事業譲渡における詐害性の

意義について，債権者平等や支払不能が関係している。これらの概念は曖昧性を有しているが，倒産処理手続のなかで会社分割や事業譲渡が利用される場合の債権者保護のあり方や，債権者保護と事業継続の必要性の調整を検討する前提として，会社法，倒産法そして民法に架橋して検討する必要があると考えられる。

Ⅲ　判例の動向

1　会社分割

　詐害的会社分割における残存債権者の保護について，判例上さまざまな類型が確立した。そして，会社法による立法的解決が望まれたことから，逸出した財産の現物返還を原則として規定していた民法上の詐害行為取消権とは別に，平成26年改正会社法は，残存債権者に承継会社等に対する直接履行請求権の行使を認めることを規定した。詐害的事業譲渡についても同様に規定が新設された。もっとも，残存債権者の保護は，当該規定のほか，判例上の類型が存在しており，各々の位置づけに関する議論は，完全には収束していない。

　以下では，平成26年改正会社法が当該規定を新設するに至るまでに判例上確立された5つの保護類型，すなわち(1)詐害行為取消権，(2)否認権，(3)会社法22条1項類推適用，(4)会社分割無効の訴え，(5)法人格否認の法理を敷衍し，詐害性の判断がどのように行われてきたかということ，実際上の解決については，法的安定性や事業の継続性が影響していることを示す。そして，本節の**2事業譲渡**の整理も踏まえて，詐害性ありと評価されうる事情があるものの，具体的に狭義の詐害行為や偏頗行為のいずれに該当するのか，個別の事案ごとの事情を勘案すると判断が難しいものがあることを示す。そして，第2章においてドイツの会社分割や事業譲渡における債権者の保護類型や法規制を対照させて検討し，その結論もあわせて，第3章において詐害性が認められない会社分割や事業譲渡がどのように捉えられているのかを示すための材料とする。

(1) 詐害行為取消権

　①東京地判平成20年12月16日金法1922号119頁

　②東京高判平成21年9月30日金法1922号109頁（①の控訴審）

　③大阪地判平成21年8月26日金法1916号113頁

　④大阪高判平成21年12月22日金法1916号108頁（③の控訴審）

　⑤東京地判平成22年5月27日金法1902号144頁

　⑥東京高判平成22年10月27日金法1910号77頁（⑤の控訴審）

　⑦福岡高判平成23年10月27日金判1384号49頁（(5)①の控訴審）

　⑧名古屋地判平成23年7月22日金判1375号48頁

　⑨名古屋高判平成24年2月7日金法1945号111頁（⑧の控訴審）

　⑩最判平成24年10月12日民集66巻10号3311頁（④の上告審）

(2) 否認権

　①東京地判平成17年12月20日金法1924号58頁

　②福岡地判平成21年11月27日金法1911号84頁

　③福岡地判平成22年9月30日金法1911号71頁

　④東京地判平成24年1月26日判タ1370号245頁

　⑤東京高判平成24年6月20日判タ1388号366頁（④の控訴審）

　⑥東京地判平成23年1月14日Westlaw Japan文献番号2011WLJPCA01148016

(3) 会社法22条1項類推適用

　①最判平成20年6月10日判時2014号150頁

　②東京地判平成22年7月9日判時2086号144頁

　③大阪地判平成22年10月4日金法1920号118頁

　④東京地判平成22年11月29日金法1918号145頁

(4) 会社分割無効の訴え

　①東京地判平成20年12月26日金法1922号109頁

　②東京高判平成21年9月30日金法1922号109頁（①の控訴審）

　③静岡地浜松支平成22年7月28日金法1920号100頁

　④東京高判平成23年1月26日金法1920号100頁（③の控訴審）

(5) 法人格否認の法理
①福岡地判平成22年1月14日金法1910号88頁
②福岡高判平成23年10月27日金法1936号74頁（①の控訴審）
③福岡地判平成23年2月17日金判1364号31頁
④東京地判平成22年7月22日金法1921号117頁
⑤大阪地判平成22年10月4日金法1920号118頁

　詐害的会社分割は，会社の経営が危機的状況にあるときに行われた会社分割についてのみ問題となると断定されるものではないが，判例上，分割会社が債務超過の状態にあり（(5)①，(1)⑦は異なる），事業再生の一環として行われた新設分割も現れていた（(1)①②は吸収分割の事例である）。

　会社分割は，事業に関する権利義務の全部または一部を新設会社等に承継させる法律行為であるため，組織法上の行為と財産法上の行為の両方の側面を有している。それゆえ，判例および学説上，(1)詐害行為取消権，(2)否認権の行使の具体的な対象が，会社分割自体または財産移転行為のいずれであるのかが問題となっていた。[37] 判例では，会社分割全体を対象として争われたものと（(1)①②⑤⑥⑦⑧⑨⑩，(2)①②④⑤⑥），新設会社への権利の承継行為を対象として争われたもの（(1)③④，(2)③）があった。最高裁（(1)⑩）は，「……民法424条の規定により，詐害行為取消権を行使して新設分割を取り消すことができると解される。この場合においては，その債権の保全に必要な限度で新設分割設立会社への権利の承継の効力を否定することができるというべきである。」として，詐害行為取消権の行使の対象は会社分割であるが，新設分割による会社設立が影響を受けるものではなく，詐害行為取消権の行使の結果，新設分割ではなく財産移転行為の効力が取り消されることを示した。[39][40] 上記の判例は，(1)詐害行為取消権(2)否認権の行使の結果として，会社分割による不動産移転に関する所有権移転登記の抹消登記（(1)③④⑩）や否認登記（(2)③）をすること，現物返還のほか価額賠償（(1)⑤⑥⑦⑧⑨，(2)①②④⑤⑥）を認めている（(1)①②は価額賠償を求めていたが棄却された）。実際は，個々の財産移転行為を対象としていると解することができるであろう。学説上も，詐害行為取消権の行使につい

ては，会社分割における財産移転行為を対象とできると説明されており[41]，否認権行使については，財産移転行為のみが対象とされている[42]。現物返還が認められた裁判例もあるが，価額賠償が認められた事例がほとんどである。否認権の行使の効果について，破産法は現物返還が原則であることを規定しており（破167条1項），学説は，現物返還が不可能または困難であるとき，現物返還のみでは破産財団が原状回復しないときは，価額償還が認められると解している[43]。現物返還によると，新設会社の事業継続が困難になるのが通常であり[44]，法的安定性の観点からも，判例上，価額賠償が認められている。

詐害的会社分割について，会社分割無効の訴えによる解決が目指されることが少ないのも，法的安定性が問題となるからである。会社分割無効の訴えについて，判例上は，残存債権者の原告適格について争いとなり，原告適格が否定された事例（(4)①③④）と肯定された事例（(4)②）がある。(4)④は，新設分割無効の訴えはできないとしたが，「……この場合でも，新設分割無効の訴え以外の方法で個別に救済を受ける余地があるから，不当な事態は生じない。」と示した。(4)②は会社分割無効の訴えを認容した事例ではあるが，平成17年改正前商法下での事例であり，営業許可の取得の関係から営業許可のみを「営業」として新設会社へ承継させるための便法として会社分割が利用されたため無効とされたものであるが，現行会社法の下では，特定の資産や債務のみを承継させることについては問題とならないため，本判決の先例的価値は少ないと解されている[45]。会社分割無効の訴えが残存債権者保護の手法として実効性をもたないのは，会社分割による権利義務の承継についての法的安定性，事業継続が重視されているからである。

一般に，法人格否認の法理の適用は慎重にされるべきであるといわれてきた。判例上，詐害的会社分割に関して，法人格否認の法理の適用を肯定する事例（(5)①③④）と否定する事例（(5)②⑤）がある。判例によると，法人格否認の法理の支配要件として，分割会社と新設会社に強い経済的一体性が認められたり，分割会社が新設会社の実質的支配者であり，事業の運営を意のままに行っているということが該当すると解される。判例は，目的要件について，破綻状態にあった会社が行った会社分割が，破産手続あるいは民事再生手続が行われ

た場合と比較して，明らかに債権者間の公平性を欠く極めて恣意的なものであることから信義則違反が認められること（(5)③），倒産状態にないにもかかわらずこれを偽装して会社分割を行ったこと，会社分割の内容が実質的に債権者平等に反すること，分割会社の債権者に対する配当見込みが明らかに減少すること，会社分割の手続において，財産状態等について虚偽の説明を行ったこと（(5)⑤）等により，推認できることを示した。ゆえに目的要件としては，残存債権者の債務を不当に免脱するために濫用的に行うことや，分割会社と残存債権者が事業再生について密接な協議関係に入り，残存債権者の利益や期待を著しく損なうことのないよう合理的な配慮をする信義則上の義務があるにもかかわらず，それに反して背信的な行動をとることが該当すると解される。学説上は，法人格否認の法理は，信義則上の義務違反を問題とすることから，その他の残存債権者保護の類型を用いることが難しい場合に適用が検討されるべきものとする見解や[46]，反対に，詐害的会社分割の詐害性は，法人格を濫用した責任財産の恣意的な切り分けにあると理解することが本質であり，平成26年改正会社法が規定している履行請求権は，法人格否認の法理の要件を明確化し，利用しやすくしたものであると解する見解がある[47]。

　詐害性の意義については，第3章で詳細に検討するが，従前から判例および学説において，さまざまに議論されていた。判例上は，詐害性の判断基準として，計算上一般財産が減少したか否かという観点からだけではなく，一般財産の共同担保としての価値を実質的に毀損して，債権者が自己の有する債権について弁済を受けることがより困難になったと認められること（(1)⑤⑥，(2)③），新設分割によって新設会社へ移転した事業の対価として分割会社へ交付された新設会社の株式が，非公開会社の株式であり換価困難であること（(1)③④⑤⑥⑧⑨），「……本件新設分割における対価が相当であるとしても，Aの純資産（株式価値）は変動しないが，本件残存債権の責任財産は大幅に変動するなどの事態が生じ，かつ，本件残存債権の債権者と本件承継債権の債権者との間で著しい不平等が生ずるに至ったということである。」こと，すなわち残存債権者と承継債権者との弁済率に大きな差が出るのが債権者平等に反すること（(1)⑩須藤裁判官補足意見），重畳的な債務引受がされたこと（(1)③④⑤⑥⑧⑨⑩，(2)②③④）

が現れていた。詐害意思に関しては,「詐害行為取消権については,行為の詐害性とともに主観的要件としての詐害の意思が必要とされていることを考慮すると,事業再生のためになされる相当な会社分割についてまで,詐害行為取消権の行使が認められる可能性があるとは考えられない」と示す判例((1)④)があり,事業再生のためになされる相当な会社分割がいかなるものかを明らかにするために詐害意思の内容の分析も,必要であることが示唆される。

会社分割において,重畳的債務引受は,移転債権者に対する通知等が不要になるという手続上の利便性があるほか,重畳的債務引受により新設会社の株式の価値の評価が下がらず,残存債権者に対する弁済率を向上させるという経済的意義を有する場合もあり,行われることがある。重畳的債務引受が詐害行為に該当するかについて,多くの判例は肯定していたが,否定する判例((2)⑤)もあった。学説上は,バランスシート上の一般財産の減少が認められなくとも,一般財産の共同担保としての価値を実質的に毀損して,債権者が自己の有する債権について弁済を受けることがより困難になった場合は,詐害性を認定することができるとする見解[48],これに対して,内部的負担割合についての約定や新設分割の資力等により,重畳的債務引受の経済的意義は多様であり,重畳的債務引受がなされたというだけで,債務の減少はなく資産だけが逸失したとみることには疑問があるとする見解がある[49]。

詐害性の判断基準について,判例上は,分割会社に交付された本件株式および社債の換価の困難性ではなく,一般財産の共同担保としての価値を毀損して債権者が債権の弁済を受けることがより困難になったこととするものがある((2)④)。学説上は,詐害性の判断基準は,株式の換価の困難性ゆえに,一般財産の共同担保としての価値を実質的に毀損し,その結果として残存債権者が有する債権の弁済がより困難になることと理解されていることもあるが[50],新設会社に事業を移転する場合には,事業は有機的なひとまとまりとして捉えられるのであり,事業の市場性・流動性と非公開株式の市場性・流動性に異なるところはないと理解されている[51]。さらに,破産法上の否認の規定や,平成29年改正民法による詐害行為取消権の特則における相当対価処分に関連し,隠匿・無償供与が問題となるが,非公開会社の株式は流動性が乏しいこと,一方で非公開

会社の株式の流動性が低いといっても，新設会社を解散・清算することで換価でき，流動性の問題は生じないため，詐害性の判断基準として，株式および社債の換価の困難性は該当しないと解されている[52]。本稿で研究する詐害性の判断基準について，重要な位置を占める破産法上の否認の類型に関連する判例は，次の2 **事業譲渡**において合わせて整理する。

　商号続用責任に関する会社法22条1項の類推適用が会社分割にもあてはまるかということについて，学説上は，会社分割は事業譲渡とは異なり，債権者異議手続や事前・事後の開示手続が行われるため，類推適用を否定する説[53]と，分割会社に履行を請求できる債権者は債権者異議手続に参加できないなど会社法上の保護は限定的であり，詐害的な会社分割は容易に行われるのであるから，商号続用等の一般法理によって保護する必要があるとして肯定する説[54]がある。否定説の示すとおり，会社分割と事業譲渡は法律行為の内容が異なるが，類推適用を否定する根拠としては説得的ではなく，実際上の必要性もあり，会社分割が商号続用責任規定の要件を満たす場合には，判例上，類推適用が認められていた。さらに，学説上は，当該類推適用の要件について，商号続用ではなく詐害性を基準とすることが提案され，事業の譲受人の責任を商号続用とは無関係のものとすることが唱えられていた[55]。平成26年改正会社法は，詐害的会社分割に関する規定と合わせて詐害的事業譲渡に関する会社法23条の2を新設したが，商号続用責任を詐害性を基準として捉えるならば，当該規定と同法22条1項の関係，そして詐害的会社分割に関する同法769条4項・764条4項との関係が問題となる。

2　事業譲渡

(1) 会社法22条1項類推適用
　　①最判平成16年2月20日民集58巻2号367頁
　　②最判平成20年6月10日判時2014号150頁（会社分割(3)①と同一）
　　③東京地判平成27年10月2日金判1480号44頁
(2) 事業譲渡の否認
　　①東京高判平成25年12月5日金判1433号16頁

②東京高判平成26年１月23日金法1992号65頁

　会社法22条１項は，事業譲渡において譲受会社が譲渡人の商号を続用する場合には，譲受会社は譲渡会社と不真正連帯債務を負うという商号続用責任を規定している。本規定の趣旨について，伝統的通説である外観保護説は，事業譲渡において商号が続用される場合は，債権者は事業主体の変更を知り難いこと，または事業主体の変更により自己の債権が譲受会社に承継されたと解することが考えられるため，このような外観を信頼した債権者を保護するべきであると説明している[56]。会社法22条１項は，判例上は，商号以外の名称等への類推適用という観点から問題となっている[57]。最高裁は，「……特段の事情のない限り，……同一の営業主体による営業が継続していると信じたり，営業主体の変更があったけれども譲受人により譲渡人の債務の引受けがされたと信じたりすることは，無理からぬものというべきである」と示し((1)①)，(1)②もこの(1)①の理由付けを引用し，会社法22条１項を類推適用した。(1)③は，外観の作出があったことによる保護を認め，会社法22条１項を類推適用した。判例は，外観保護説に近い立場をとっていること，譲渡人の態様については，債権者の外観への信頼を積極的に解し，外観信頼について緩やかに判断する傾向にあることが観察できる。学説上は，商号続用責任規定の性質について，事業譲渡が組織再編の局面で利用されることが多くなったことも相まって，外観保護説からの理解ではなく[58]，事業譲渡による組織再編において，債権者にどのくらいの手続的関与が保障されているかを問題にすべきであると唱える見解が現れ[59]，商号続用を伴う事業譲渡が必ずしも詐害性を有するとはいえないとして，譲受会社の責任発生の要件は商号続用ではなく詐害性および詐害意思とすべきであると説かれたこともある[60]。商号続用責任規定は，事業譲渡をめぐる関係者間の利害調整機能として議論される方向にあると解されている[61]。

　従前の判例では，破産法160条１項が規定する詐害行為否認の詐害行為性，すなわち破産者の財産を絶対的に減少させる行為について，破産者が詐害意思をもっていたかが争点となる傾向にあった。会社分割に関して，判例は，「会社分割（新設分割）は，会社間で財産を移転することを要素としており，債権者

たる分割会社の一般財産を減少させうる行為であって，その意味において，否認権の対象となると解すべきである」などと示し（(1)④），破産法160条1項を適用していた（もっとも，判例(1)③では，破産法160条1項または161条1項により否認権を行使することができると示された）。

　否認権行使に関する適用条文は，事案に応じてさまざまであると観察できる。事業譲渡の判例(2)①では，破産法161条1項が規定する相当対価行為否認が問題とされていたが，裁判所は，破産法161条1項が規定する「破産債権者を害する処分」に該当しないと示し，加えて同法162条1項が規定する偏頗行為否認の対象となりうる可能性についても示唆していた。本件については，学説上，事業譲渡の際にはすでに支払不能の状態にあり，事業譲渡について実質的にみて代金を流出させていたことから，隠匿等の処分の意思があったとして「特段の事情」により破産法161条1項が適用される可能性もあったと述べる見解がある。判例(2)②は，原審（東京地判平成25年7月24日金法1984号144頁）が，本件事業譲渡が破産法160条1項1号所定の否認対象行為に該当するとしたうえで，否認対象行為に該当する内容の助言ないし提案をしたことは，助言業務の提供に当たって法令を遵守すべき義務に違反すると示していたこととは異なり，本件における損害は，本件事業譲渡がされること自体に生ずるものであって，本件事業譲渡について否認権の行使がされることによって生じるものではないと示したものである。

　詐害的会社分割や詐害的事業譲渡に関して，否認権行使に関する適用条文は個別の事案ごとに検討され，否認権行使の規定に関する詐害性の意義は画一的に決まるものではない。

3　小　括

　以上のとおり，詐害的会社分割や詐害的事業譲渡における詐害性の判断の枠組みは，判例の蓄積および学説により一定程度明らかにされ，債権者保護類型へのあてはめが行われてきた。

　詐害性がある場合に，個別の事案の内容から，債権者保護のための具体的な適用条文について明確にできないことがある。破産法上の否認権行使に関し

て，個別の事案の詐害性が複合的であり，狭義の詐害行為否認か，相当対価行為否認か，もしくは偏頗行為否認か，分類が難しい場合がある。民法上の詐害行為取消権の行使に関しては，判例上，詐害性の性質について偏頗性が問題になるとして債権者平等に着目し，破産法上の否認の類型の考え方に留意するものもあった。平成29年改正民法は，沿革上起源と目的が共通するとされる破産法上の否認権を詐害行為取消権へ拡大強化させる形で，連続性をもたせ，否認の類型に関する債権者平等の観点を取り入れて，詐害行為取消権の特則を新設した。[64]このことにより，詐害行為取消権の行使にあたっても，否認権行使の場合と同様に，具体的な事案の内容に応じて，適用条文の決定に関する問題が新たに生じると思われる。

さらに，判例からは，経営が危機的状況にある会社が事業再生スキームのなかで会社分割や事業譲渡を行い，これに詐害性の問題があるとされた場合であっても，事業再生のためになされているという事情から，会社側の主観的要件として詐害意思はないとされる可能性があることが示唆されるが，事業再生が目的であるならば詐害性はないとされる判断基準は未だ明確ではない。事業再生スキームのなかで会社分割や事業譲渡が行われる場合に，どの部分を詐害性が問題になるとして取り上げるのか，すなわち，会社の責任財産の減少か，責任財産に減少はないが事業再生を行わなかった場合の弁済率との比較か，[65]会社分割や事業譲渡そのもの以外の事情を含めたものか等，明らかにはなっていない。

これらの問題点を解決するために，破産法上の否認権と民法上の詐害行為取消権から導かれる詐害性の性質を整理し，詐害性の判断基準を検討する必要がある。

Ⅳ 法改正の動向

1 平成26年改正会社法

平成26年改正会社法および平成29年改正民法の立法過程においても，詐害的

会社分割や詐害的事業譲渡の詐害性について，倒産法上の否認権との関わりが認識されていた(66)。そこで，平成26年改正会社法による残存債権者の直接履行請求権の新設について確認する。

　平成26年改正会社法は，詐害的会社分割について，分割会社が，承継会社等に承継されない債務の残存債権者を害することを知って会社分割をした場合には，残存債権者は，承継会社等に対して，承継した財産の価額を限度として，当該債務の履行を請求することができること，ただし，吸収分割の場合には，吸収分割の効力が生じた時において残存債権者を害すべき事実を知らなかったときは，この限りではないことを規定している。(会759条4項・761条4項・764条4項・766条4項)。すなわち，逸出した財産の現物返還を原則として規定していた民法上の詐害行為取消権とは別に，残存債権者に承継会社等に対して直接の履行請求権の行使を認めることを規定した。直接履行請求権は，分割会社が残存債権者を害することを知って会社分割をしたことを知ったときから2年以内に請求または請求の予告をしないときは消滅し，効力発生日から10年を経過したときも同様と規定した(会759条6項・761条6項・764条6項・766条6項)。同様に，詐害的事業譲渡についても，譲渡会社が残存債権者を害することを知って事業を譲渡した場合には，残存債権者は，その譲受会社に対して承継した財産の価額を限度として，当該債務の履行を請求することができ，行使期間も詐害的会社分割と同様に規定した(会23条の2)。

　会社分割制度の導入については，昭和40年代から経済界の要望があり，1969(昭和44)年には商法改正研究会が「商法改正要綱私案」において発表していた。当該私案において，債権者保護のために承継会社等は分割前の会社の債務につき連帯して弁済の責めに任じなければならないことが盛り込まれていた(67)。当時から，学説上は会社分割が濫用される危険性が懸念され，連帯責任の必要性が解かれていたが(68)，実務側からの要望により連帯責任の規定は置かれず，民法上の規定で対応していくことになった。個別催告なしに免責的債務引受が行われうることについては，債権者異議制度で対処することとされた(69)。債権者異議制度を利用できる債権者は，原則として会社分割後に分割会社に対して債務履行の請求ができない債権者に限られているが，これは，物的分割の場合には，分

割会社は新設会社または承継会社に移転した純資産の額に相当する新設会社または承継会社の株式を取得するため，分割会社の責任財産に変動はないと考えられていること，そして事業の一部譲渡や会社財産の譲渡については会社法上，特段の債権者保護手続を置いていないこととの平仄を合わせる必要があったことによる[70]。なお，承継会社等の側において，新設分割では債権者異議手続は不要であるが，吸収分割では承継する事業の内容によっては，承継会社の債権者に影響を与える可能性があるため，当該手続は必要である。

会社分割制度は，原始的に債権者保護について問題を抱えていたが，その後の法改正を経てもこの問題が指摘されており[71]，実際に多くの事件を経験して，平成26年改正会社法の連帯責任の性質を有する規定の新設へと続いた。当該規定に対しては，要綱案の段階から，その意義について議論されていた。分割会社について，破産手続等の開始決定がなされないことが見込まれる場合には，残存債権者が当該規定を利用することがありうるが，破産手続等が開始した場合には行使することができなくなり，訴えにより行使していた場合にも，当該訴えは棄却されることになるので，民法上の詐害行為取消権の要件，効果とほとんど差異が存在しないならば，詐害行為取消権の行使によるべきことは明らかだと指摘されていた[72]。

平成26年改正会社法の立案担当者は，詐害的会社分割や詐害的事業譲渡の詐害性の意義は，民法上の詐害行為取消権と同様に解することになると説明していた。会社法上の直接履行請求権や民法上の詐害行為取消権は，倒産状態の会社においては，債権回収の性質を有することになるため，債務者をめぐる債権者同士の争いとなると解されている。詐害行為取消権の要件として，債権者間の回収行為に詐害性が認められるか否かの判断は，債権者間に如何なる集団的秩序を認めるかという問題になるといわれており[73]，詐害性の意義は，会社法，民法および破産法を通して捉えられる必要があると考えられる。

2　平成29年改正民法

2017（平成29）年5月26日，債権関係規定（債権法）を中心とした改正民法が成立した。改正民法は，詐害行為取消権について，債権者は，債務者が債権者を

害することを知ってした行為の取消しを裁判所に請求することができるが、その行為によって利益を受けた者（以下、「受益者」という）がその行為の時において債権者を害することを知らなかったときは、この限りでないと規定している（民424条1項）。平成29年改正民法は、詐害行為取消権と破産法上の否認権の要件との平仄を合わせ、いくつかの特則を定めている。

　まず、相当対価処分行為の特則として、債務者が、その有する財産を処分する行為をした場合において、受益者から相当の対価を取得しているときは、債権者は、その行為が不動産の金銭への換価その他の当該処分による財産の種類の変更により、債務者において隠匿、無償の供与その他の債権者を害することとなる処分（以下、この条において「隠匿の処分」という）をするおそれを現に生じさせるものであること（民424条の2第1号）、債務者が、その行為の当時、対価として取得した金銭その他の財産について、隠匿等の処分をする意思を有していたこと（同条2号）、受益者が、その行為の当時、債務者が隠匿等の処分をする意思を有していたことを知っていたこと（同条3号）のいずれの要件にも該当する場合に限り、その行為について、詐害行為取消請求をすることができると規定している。当該規定は、破産法161条1項と対比される。

　次に、特定の債権者に対する担保供与等の特則として、債務者がした既存の債務についての担保の供与または債務の消滅に関する行為について、債権者は、その行為が、債務者が支払不能の時に行われたものであること（民424条の3第1項1号）、その行為が、債務者と受益者とが通謀して他の債権者を害する意図をもって行われたものであること（同項2号）のいずれの要件にも該当する場合に限り、詐害行為取消請求をすることができると規定している。そして、上記の行為が、債務者の義務に属せず、またはその時期が債務者の義務に属しないものである場合において、その行為が、債務者が支払不能になる前30日以内に行われたものであること（同条2項1号）、その行為が、債務者と受益者とが通謀して他の債権者を害する意図をもって行われたものであること（同項2号）のいずれにも該当するときは、債権者は、同項の規定にかかわらず、その行為について、詐害行為取消請求をすることができると規定している。当該規定は、破産法162条1項と対比される。

民法424条の2は、相当対価処分行為について、原則として詐害性を否定するとともに、破産法161条と同様に、例外的に詐害性が認められる場合を規定しており、解釈についても共通するところが多いとされている。民法424条の3は、不当な偏頗行為のみを詐害行為取消請求の対象としているが、同項1号は、破産法162条1項の要件にならって、偏頗行為の時点で債務者が支払不能であったことを要求することで、破産法上の否認の対象とならない偏頗行為が詐害行為取消の対象になるという事態を回避しており、同項2号は債務者と受益者との間に通謀的害意が必要であるとする判例の立場を採用して、破産法162条1項よりも要件を加重していると解されている[74]。

V　本書の目的

1　検討の方法

本稿は、詐害的会社分割や詐害的事業譲渡における詐害性とは何か、詐害性が認められない会社分割や事業譲渡とはどのようなものであるかについて示そうとするものである。そのために、以下の3つを検討する。

第一に、詐害的会社分割や詐害的事業譲渡の詐害性の意義について、会社法上の直接履行請求権、破産法上の否認権および民法上の詐害行為取消権の要件に共通する詐害性の調整のあり方と、残存債権者の保護類型の分析を通して検討する[75]。

第二に、平時と倒産時を区別しない形で詐害性の意義を捉え直すことができるか検討する。平時と倒産時を区別する支払不能は、客観的に定まるものではない。そうであるならば、詐害性の意義は、平時と倒産時を区別せず、会社法、民法および破産法を通して、同様のものとして捉え直すことも可能といえるのではないか。

従前から、詐害性の意義は、破産法上の否認の類型をもとに、財産減少行為の狭義の詐害性と、債権者平等を害する偏頗行為の偏頗性から、二元的に論じられていた。会社分割や事業譲渡において詐害性が問題となる場合には、狭義

の詐害性や偏頗性が判断されているが，最判平成24年10月12日民集66巻10号3311頁において，須藤正彦裁判官の補足意見が，債権者平等を害する偏頗性を考慮に入れていると考えられることには留意が必要がある。

そこで，詐害性の意義を，平時および倒産時を区別せず，債権者平等に着目して偏頗性から捉えること，具体的な詐害性の判断は，偏頗性に付加的な考慮要素を含めて総合的に行うことが可能であるか，検討する。

第三に，詐害的会社分割や詐害的事業譲渡の詐害性の判断基準について検討する。すなわち，詐害性は，債権者平等に着目して偏頗性から捉えたうえで，分割会社や譲渡会社の行為態様等の付加的な考慮要素を含めて総合的に判断されること，詐害性があると解される場合であっても，付加的な考慮要素を含めると最終的に詐害性を問題としないと結論づけられることが可能であるか，検討する。そのうえで，そのような付加的な考慮要素の具体的内容について考察する。

2　先行研究との関係

本稿が問題とする詐害的会社分割や詐害的事業譲渡の詐害性の意義や，詐害性の認められない会社分割や事業譲渡のあり方については，華々しい議論がなされ，すでに多くの玉稿が存在する。

第一東京弁護士会総合法律研究所倒産法研究部会は，詐害的会社分割により害された債権者の救済の法的構成，事業再生に関する指針を提案することを目的に，詐害的会社分割の詐害性の意義を破産法上の否認権行使の要件をもとに考察し，会社分割が許容されるか否かの分水嶺として，弁済率の低下，情報開示，交付株式の取扱い，重畳的債務引受，承継債務の切分けの合理性という視点を提示し，体系的な研究の成果を示している[76]。この研究の方向性は，本稿と通じるものである。しかし，会社分割が許容されるか否かを決定づける視点は，当該研究内においても留保をつけて述べられており，詐害性の考慮要素は一義的ではないし，詐害性の定義の明確化は難しいことがわかる。本稿は，当該研究をもとに検討を進め，債権者平等も考慮に入れて，詐害性の意義について改めて検討しようとするものである。

土岐敦司＝辺見紀男編の研究成果においても，詐害的会社分割に対する詐害行為取消権や否認権の行使の可能性について，倒産法，会社法および民法の視点から議論が展開されている。当該研究においても，事業再生のあり方について研究が進められ，清算価値の保障や，債権者間の衡平性，積極的な情報開示や事前同意による透明性が重要であること，詐害的会社分割の本質を狭義の詐害性と偏頗性のどちらに求めるかは確定的に判断できるものではなく，詐害行為取消権と否認権の適用条文のあてはめに関する要件が問題となることが指摘されている[77]。本稿は，この研究と問題意識を同じくしている。当該研究は，倒産法の領域から，事業再生のあり方の研究が緒に就いたものといえる。本稿はさらに検討を進める形で，債権者平等と事業再生ないし事業継続の必要性の関係についても検討しようとするものである。また，同書とともに，狭義の詐害性と偏頗性のどちらから捉えるかという問題について，多くの論稿が存在している。特に，伊藤眞[78]，松下淳一[79]そして田中亘[80]が，各論稿において，詐害的会社分割の法的性質は，破産法162条1項が規定している偏頗行為にはどうしてもあてはまらないとして，狭義の詐害行為であると主張していることに注目しなければならない。確かに，詐害的会社分割は，破産法162条1項の偏頗行為の内容に完全に一致するものではないし，その他の要件についても疑問が呈されている。しかし，狭義の詐害行為と解する学説に対しても，すでにさまざまな批判が存在しており，実質面からみても，詐害的会社分割は偏頗性を有していると解されるという学説がある[81]。それゆえ，本稿は，従前の議論の展開を踏まえて，債権者平等を害する偏頗性の意味に着目し，改めて詐害性の意義について検討するものである。

　本稿は，ドイツ法を比較対象として検討を進める。受川環大は，ドイツ法研究をもとに，組織再編における債権者保護について全般的な研究成果を示している[82]。本稿は，当該研究を基礎としつつ，同書では触れられていない，組織再編における債権者保護の本質的な解決を導くのに不可欠といえる否認権や詐害行為取消権についても，多角的にドイツ法の分析を行い，わが国への示唆を導こうというものである。

　近時のシンポジウムにおいても，詐害的会社分割や事業譲渡の実務と法理に

ついて議論されている。そこでは,詐害的会社分割の件数は減少しているが,民法改正との兼ね合いで,引き続き議論する必要性が確認されていた[83]。本稿は,そのように指摘されるとおり,今後問題となりうるであろう,経営が危機的状態にある会社が,倒産処理手続,事業再生の一環として行う詐害性の認められない会社分割や事業譲渡のあり方について検討しようとするものである。

3 比較法の対象

本研究は,ドイツの法制度,判例,学説および実務の分析を通して,検討を進める。しかし,わが国とドイツの法制度のあり方やその制度導入の背景には異なる部分も多く,ドイツ法における議論を直接的に日本法の問題解決の手法とすることはできないのではないか,という問題に直面する。

確かに,ドイツ法における議論を直接的に日本法の問題解決の手法とすることはできないであろう。しかし,組織再編について体系的に規定している組織再編法,わが国の破産法の母法である倒産法,倒産法と根源を同じくしており,わが国の詐害行為取消権と同様の規定を有するドイツ破産外債権者取消権法(以下,「債権者取消権法」という)を比較対象として分析することには,以下のように意義がある。

1994年に制定されたドイツの組織再編法は,合併,会社分割,財産移転,組織変更について体系的に規定しており,わが国の会社分割に対応する物的分割に関する規定を有している。他のヨーロッパ諸国の多くは,会社分割制度は整備しているものの,人的分割の規定のみを有する国が多く,アメリカは会社分割に関する明文の規定を有していない。ドイツの組織再編法は,分割会社の残存債権者の保護として,全ての会社分割当時会社に連帯責任を課し,詐害的会社分割が起こりうる素地を排除しており,これに関する裁判例はみあたらない。このことは,わが国の会社法上の直接履行請求権と大きく異なっているため,ドイツの会社分割法制を比較対象とすることに疑問が呈されるかもしれない。しかし,組織再編法が詐害的会社分割が発生する可能性を認識し,わが国の直接履行請求権の内容に類似する学説上の議論も経て連帯責任を規定するに至ったことから,両国の規定の相違に注意を払いながら,わが国における当該

債権者保護のあり方を検討するための素材とすることは適切であると考える。

組織再編法は，詐害的会社分割の詐害性については定義していない。それゆえ，詐害性の意義について，組織再編法制定以前からの議論状況を検討するために，倒産法および債権者取消権法の関連規定から，これを分析する必要があると考える。組織再編法の制定によっても，倒産法や債権者取消権法の規定による債権者保護が排除されるものではない。ドイツの倒産法は，わが国の破産法の母法であり，債権者取消権法は，わが国の詐害行為取消権と同様の規定を有している。倒産法および債権者取消権法は，1855年プロイセン破産法に起源を同じくしていたが，1877年破産法，1879年破産外における債務者の法律的行為の取消に関する法（以下，「旧債権者取消権法」という）によって分離して制定されたのち，1994年に倒産法が制定されたことにあわせて，同年債権者取消権法が制定され，再び両法の調和が取られた。1994年倒産法では，否認権の強化が行われた[84]。このようなドイツの立法の経験や議論を分析することは，今般のわが国の民法改正の過程においてしたこと，わが国の破産法が詐害行為取消権について破産法上の否認権と平仄をとることを前提に議論が進められ，ドイツの倒産法の影響を大きく受けていることからも，本研究の問題を検討する素材として適切であると考える。

もっとも，ドイツの倒産法と日本の破産法が同様の構造を有しているとは直ちに結論づけることはできないという問題が指摘されている[85]。ドイツの倒産法は，債務者が期限の到来している支払義務を履行することができない時は，支払不能となると規定している（ド倒17条2項1文）[86]。そして，法人が支払不能または債務超過である場合，代表機関の構成員または清算人は，遅滞なく，遅くとも支払不能または債務超過の発生から3週間以内に，倒産手続の開始決定を申し立てなければならないと規定している（ド倒15条a第1項）。倒産法は，立法当時の政治状況が反映されており，一般に，倒産は市場経済における構造転換の必須要素として位置づけられ，倒産による企業の解体は別の企業による新たな市場参入の可能性を意味すると解されている[87]。しかし，この問題については，倒産法は，市場経済原理に基づいて制定されたとはいえ，清算型の破産手続および再建型の手続を規律するものであり，倒産法は債務者の保護に値する

利益を顧慮した債権者の満足，すなわち適法な権利行使という制約の枠内での債権者の権利の実現であるとすると解するならば，責任法的に捉えることができ，[88]本研究を行うにあたり検討対象とすることの意義は正当化できると考えられるのである。

4 検討の順序

第2章では，ドイツ法を参照する。

まず，組織再編法制の立法経緯を歴史的に検討し，1994年に制定された組織再編法が，詐害的な会社分割が起こらないよう分割会社の残存債権者保護規定を置いたことを示す。残存債権者の保護類型として，組織再編法上の当該規定のほか，倒産法上の否認権，債権者取消権法上の取消権の行使，商法上の商号続用規定の適用も存在しているため，これらの規定との関係性についても留意する。

次に，ドイツ法は，詐害的会社分割や詐害的事業譲渡における詐害性の意義を，組織再編法ではなく，倒産法上の否認権や債権者取消権法上の取消権の詐害性の要件から解釈しているため，これらの関連規定について検討する。そのなかで，詐害性の判断基準がどのように構成されているのかを明らかにする。

そして，商法上の商号続用規定および株式法上の組織再編に係る決議の効力を争う訴えについて分析し，ドイツ法は，組織再編において事業継続を重視していることを改めて確認する。これは，ドイツ法が事業継続や事業再生の促進を念頭にさまざまな調整を行っていることが，詐害性の判断基準に影響を及ぼしていることを示すためである。

以上の検討を踏まえて，第3章では，ドイツ法の検討と対照させつつ，日本法の検討を行う。そして，詐害的会社分割や詐害的事業譲渡における詐害性の意義，詐害性が認められない会社分割や事業譲渡と判断されるための基準について検討する。

[注]

1) 坂本三郎ほか「平成26年改正会社法の解説〔IX・完〕」商事2049号（2014年）23頁以下（注

152)。
2) 事業再生ADRは，裁判外紛争解決手続として，平時の枠組みのなかで企業再建のための法的処理を行う制度であり，平時と倒産時の両方の法領域が重なり合っている（柳川範之「企業再建のプロセスに必要な法律とは」宍戸善一編著『「企業法」改革の論理——インセンティブ・システムの制度設計』（日本経済新聞出版社，2011年）195頁以下参照）。
3) 原田晃治「会社分割法制の創設について（上）——平成12年改正商法の解説」商事1563号（2000年）4頁以下。
4) 江頭憲治郎『株式会社法〔第7版〕』（有斐閣，2017年）897頁以下。
5) 江頭・前掲書（注4）891頁以下，森本滋編『会社法コンメンタール17　組織変更，合併，会社分割，株式交換等(1)』（商事法務，2010年）246頁以下〔神作裕之〕。

会社分割制度導入当時，合併の局面では，資産移転に関して資産等の含み益に対する課税が繰り延べられるという税制上の優遇措置が取られていた。会社分割制度は，合併にかかる手続的な便宜や税制上のメリットという観点から，合併類似の形式をもって規定の整備が行われた（郡谷大輔「会社分割法制上の法際問題」事再132号（2011年）58頁以下）。
6) 分割会社が債務超過となる会社の分割や，もともと債務超過である会社を分割会社とする会社の分割は行うことができないと説明されていた（江頭憲治郎『株式会社・有限会社法〔第4版〕』（有斐閣，2005年）765頁（注4））。
7) 川島いづみ「会社分割における会社債権者の保護——債務の履行の見込みとの関係を中心に」早稲田社会科学総合研究11巻1号（2010年）61頁以下，相澤哲編著『立案担当者による新・会社法関係法務省令の解説』別冊商事法務300号（2006年）137頁。

反対に，債務の履行の見込みがあることを会社分割の要件とする見解もある（江頭・前掲（注4）905頁（注3））。そして，債務の履行の見込みがあるから，債権者の個別的同意を省略し債権者保護手続を踏むことで会社分割を許容すると理解する見解（南保勝美「会社分割制度の解釈上の問題点について」法論79巻4・5合併号（2007年）337頁以下）や，債務の履行の見込みがないことは支払不能として破産原因に該当すると理解する見解（弥永真生『演習会社法』（有斐閣，2006年）175頁）等もある。
8) 川島・前掲（注7）84頁以下。前述した事例のほか，新設分割において会社分割の対価が新設会社の株式のみという場合であっても，分割会社が会社分割の効力発生後，短時日のうちに，分割会社に交付された新設会社の株式を著しく廉価または実質的には無償に近い形で他に譲渡してしまう事例や，会社分割の対価が承継会社の株式である場合に，分割会社に対する承継会社株式の割当比率を既発行の承継会社株式と比べて低く抑えることにより，移転する権利義務の価値と比べて過小な数の株式を分割会社に割り当てる事例が挙げられる。
9) 濫用的会社分割の要件について定義するのは困難であると理解されている（神作裕之＝三上徹「商法学者が考える濫用的会社分割問題——会社分割法制のなかで，できる限りの手当を望みたい」金法1924号（2011年）51頁）。以下では，条文上の規定に合わせ，詐害的会社分割と表記する。
10) 平成17年改正前商法において「営業」として規定されていた概念は，会社法の下では「事業」と呼称されるようになった。しかし，その内容に実質的変更はないと理解されている。以下では，「営業譲渡」についても「事業譲渡」と同義のものとして論じる。

11) 最判昭和40年9月23日民集19巻6号1600頁。近年は，譲受会社が競業避止義務を負うかという議論は不要であるとする学説が有力である（江頭憲治郎＝中村直人編著『論点体系会社法4　株式会社Ⅳ　持分会社』（第一法規，2012年）9頁以下〔菊池伸〕）。
12) 落合誠一編『会社法コンメンタール12　定款の変更・事業の譲渡等・解散・清算(1)』（商事法務，2009年）71頁以下〔武井一浩〕。
13) 遠藤賢治「倒産法における営業譲渡」奥島孝康ほか編『櫻井孝一先生古稀祝賀　倒産法学の軌跡と展望』（成文堂，2001年）247頁。
14) 田中亘『会社法』（東京大学出版会，2016年）661頁（コラム9-38）。
15) 郡谷大輔＝黒川遥「会社分割と事業譲渡の選択における基本視点」商事1873号（2009年）152頁。
16) 村上博一編著『事業譲渡・会社分割による事業再生Q&A』（中央経済社，2015年）75頁〔平田啓基〕。
17) 相澤光江「計画外の営業譲渡」田邊光政編『今中利昭先生古稀記念　最新倒産法・会社法をめぐる実務上の諸問題』（民事法研究会，2005年）227頁以下，同「事業再編と事業譲渡と会社分割，減増資―民事再生手続を中心に」田邊光政ほか編『今中利昭先生傘寿記念　会社法・倒産法の現代的展開』（民事法研究会，2015年）619頁以下，井出ゆり＝藤田将貴「事業譲渡」園尾隆司＝多比羅誠編『倒産法の判例・実務・改正提言』（弘文堂，2014年）478頁，綾克己＝浅沼雅人「会社分割」園尾隆司＝多比羅誠編『倒産法の判例・実務・改正提言』（弘文堂，2014年）498頁以下。
18) 山下眞弘「会社分割・事業譲渡の機能接近化と実務への影響」関西商事法研究会編『会社法改正の潮流―理論と実務』（新日本法規，2014年）360頁以下。
19) 事業再生ADRの法的位置づけについて，私的整理と一線を画した準法的事業再生手続として捉えるか（伊藤眞「第3極としての事業再生ADR―事業価値の再構築と利害関係人の権利保全の調和を求めて」金法1874号（2009年）145頁以下），私的整理の一種として捉えるか（山本和彦「事業再生ADRと法的倒産手続との連続性の確保について」伊藤眞ほか編『松嶋英機弁護士古稀記念論文集　時代をリードする再生論』（商事法務，2013年）259頁以下）議論がある。
20) 河崎祐子「事業再生ADRの法的位置づけ」田邊光政ほか編『今中利昭先生傘寿記念　会社法・倒産法の現代的展開』（民事法研究会，2015年）648頁。
21) 井出＝藤田・前掲（注17）477頁以下。
22) 山下眞弘「判例にみる詐害的会社分割と債権者・労働者の保護―事業承継をめぐる解釈論の限界」阪法61巻3・4号（2011年）626頁。
23) 佐藤鉄男「倒産法における債権者の一般の利益」高橋宏志ほか編『伊藤眞先生古稀祝賀論文集　民事手続の現代的使命』（有斐閣，2015年）863頁以下。
24) 中西正「破産法における『債権者平等原則』の検討―公平の原則と優先権排除の原則」高橋宏志ほか編『伊藤眞先生古稀祝賀論文集　民事手続の現代的使命』（有斐閣，2015年）973頁以下。
　これについて整理したものとして，高田賢治「倒産法における債権者の一般の利益」田邊光政ほか編『今中利昭先生傘寿記念　会社法・倒産法の現代的展開』（民事法研究会，2015年）486頁以下がある。
25) 杉本純子「倒産手続における債権者平等原則」松嶋英機＝伊藤眞＝園尾隆司編『倒産・

再生訴訟』(民事法研究会, 2014年) 396頁以下。
26) 伊藤眞ほか『条解　破産法〔第2版〕』(弘文堂, 2014年) 27頁。
27) 岡伸浩「濫用的会社分割と民事再生手続」『民事法実務の理論研究Ⅰ　倒産法実務の理論研究』(慶應義塾大学出版会, 2015年) 188頁。岡弁護士は, 再生手続自体が適正に遂行されていなくとも予想破産配当率を若干でも上回りさえすれば, 再生債権者の一般の利益が常に充足されていると考えることには, 実務感覚としては, 躊躇を覚えると述べる。
28) 伊藤眞『会社更生法』(有斐閣, 2012年) 42頁以下。
29) 杉本・前掲 (注25) 395頁。
30) 松下淳一「偏頗行為否認の諸問題」『田原睦夫先生古稀・最高裁判事退官記念論文集　現代民事法の実務と理論 (下)』(きんざい, 2013年) 245頁。
31) 小川秀樹編著『一問一答　新しい破産法』(商事法務, 2004年) 31頁。
　　一般的かつ継続的に現実に支払ができない状態のほか, 現実に支払おうとすると必然的に資産価値が毀損する, あるいは収支が悪化するなど, 以後の弁済能力に影響を与える状態が, 一般的かつ継続的に発生している場合には, 支払不能の状態にあると述べる見解もある (増田勝久「偏頗行為否認に関する近時の問題点」『田原睦夫先生古稀・最高裁判事退官記念論文集　現代民事法の実務と理論 (下)』(きんざい, 2013年) 284頁)。
32) 中西正「ドイツ破産法における財産分配の基準 (2・完)」法と政治43巻3号 (1992年) 120頁以下, 山本和彦「支払不能の概念について」新堂幸司＝山本和彦編『民事手続法と商事法務』(商事法務, 2006年) 168頁以下。
33) 加藤正治『破産法研究(1)〔第5版〕』(巌松堂書店, 1924年) 170頁以下, 松下・前掲 (注30) 246頁。
34) 支払停止は, 偏頗行為否認の要件である支払不能を推定する (破162条3項, 民再127条の3第3項, 会更86条の3第3項)。最高裁は,「破産法162条1項1号イ及び3項にいう『支払の停止』とは, 債務者が, 支払能力を欠くために一般的かつ継続的に債務の支払をすることができないと考えて, その旨を明示的又は黙示的に外部に表示する行為をいうものと解される。」と示した (最判平成24年10月19日集民241号199頁)。支払停止は, 支払不能を推定する前提事実として位置づけられるのであるから, 実質的な評価の要素のないものとして, 外形的かつ形式的に判断する方が望ましく, かつ支払停止という行為の後の事情を考慮しないで判断できる方が望ましいと解されている (松下淳一「一時停止通知と『支払停止』」高橋宏志ほか編『伊藤眞先生古稀祝賀論文集　民事手続の現代的使命』(有斐閣, 2015年) 1059頁以下)。
35) 山宮慎一郎「偏頗行為否認」ジュリスト増刊『実務に効く　事業再生判例精選』(2014年) 54頁。
36) ドイツの議論を参考にしつつ,「一般性および継続性」の意味を検討する先行研究として, 木川裕一郎「支払不能の概念とその認定における支払停止の活用」新報123巻3・4号 (2016年) 1頁以下がある。
37) 岡・前掲書 (注27)「濫用的会社分割と破産法上の否認権—詐害行為取消権との対比からの考察」196頁以下, 神作裕之「濫用的会社分割と詐害行為取消権 (上) —東京高判平成22年10月27日を素材として」商事1924号 (2011年) 9頁以下。
38) 会社分割に対する否認権の行使そのものを否定した判例として, (2)①がある。本判決

は，会社分割無効の訴えによるべきであると判示した。
39) 長谷川翔大「濫用的会社分割と詐害行為取消権」東大ロー 10号（2015年）36頁参照。
40) 下級審裁判例（例えば(1)⑦）では，会社分割自体と財産移転行為のいずれかを詐害行為取消権によって取り消しうると判示するものもあった。
41) 伊藤眞『破産法・民事再生法〔第3版〕』（有斐閣，2014年）513頁。
42) 内田博久「倒産状態において行われる会社分割の問題点」金法1902号（2010年）58頁。
43) 伊藤・前掲書（注41）580頁。
44) 山本和彦「濫用的会社分割と詐害行為取消権・否認権」土岐敦司＝辺見紀男編『濫用的会社分割—その態様と実務上の対応策』（商事法務，2013年）10頁。
45) 山口大介＝田中良「会社分割の無効の訴え」判タ1369号（2012年）93頁。
46) 難波孝一「詐害的会社分割—会社法からの分析」川嶋四郎＝中東正文編『会社事件手続法の現代的展開』（日本評論社，2013年）125頁。
47) 小出篤「濫用的会社分割・事業譲渡における会社法上の債権者保護」金法2071号（2017年）37頁。
48) 岡・前掲書（注27）203頁以下。
49) 神作裕之「濫用的会社分割と詐害行為取消権（下）—東京高判平成22年10月27日を素材として」商事1925号（2011年）41頁。
50) 岡・前掲書（注27）204頁。株式の換価の困難性を問題とすることは，不動産売却との比較から導かれる。
51) 金融法委員会「濫用的会社分割に係る否認要件とその効果についての中間論点整理」金法1996号（2014年）17頁。
52) 得津晶「会社分割等における債権者の保護」神田秀樹編『論点詳解　平成26年改正会社法』（商事法務，2015年）258頁。
53) 江頭憲治郎編『会社法コンメンタール1　総則・設立(1)』（商事法務，2008年）218頁以下〔北村雅史〕。
54) 得津晶「会社法22条1項類推適用は詐害譲渡法理か？—会社分割の場合（最三判平成20・6・10）」NBL888号（2008年）5頁，相澤編著・前掲（注7）210頁以下参照。
55) 山下眞弘『会社事業承継の実務と理論—会社法・相続法・租税法・労働法・信託法の交錯』（法律文化社，2017年）83頁以下。
56) 鴻常夫『商法総則〔新訂第5版〕』（弘文堂，1999年）149頁。外観保護説に対しては，事業譲渡について悪意の債権者が保護されないことになるとの批判がある（近藤光男『商法総則・商行為法〔第6版〕』（有斐閣，2013年）112頁以下）。
57) 従前の下級審裁判例には，平成17年改正前商法26条1項の類推適用を認めるものとして，譲渡会社の商号を譲受会社が屋号として続用した場合（東京地判昭和60年5月30日判時1156号146頁，東京地判平成12年9月29日金判1131号57頁等）や，譲渡会社の屋号を譲受会社の商号とした場合（東京地判平成13年8月28日判時1785号81頁等）がある。なお，譲受会社の使用する屋号が譲渡会社の商号の重要な構成部分を内容としていない場合において，譲渡会社の屋号を譲受会社の商号として続用した場合（東京地判平成18年3月24日判時1940号158頁等）には，類推適用が否定された。
58) 外観保護説の後，学説は批判を受けながら，さまざまに発展した（第3章Ⅰの2，105頁「(2)詐害的事業譲渡」参照）。

59) 得津・前掲（注54）5頁。
60) 後藤元「商法総則―商号・営業譲渡・商業使用人を中心に（日本私法学会シンポジウム資料：商法改正）」NBL935号（2010年）22頁以下。
61) 清水真希子「商号続用責任―事業（営業）譲渡における債権者保護」法教384号（2012年）4頁以下。
62) 髙橋美加「事業譲渡の否認と譲受人の不法行為との関係」ジュリ1471号（2014年）110頁参照。

    なお，本件について，裁判所は，破産法161条1項，162条2項のいずれにおいても悪意の立証が困難であったことや，事業譲渡に係る間接事実から総合的に判断する必要があるとして，不法行為による責任追及を認めており，否認権行使の対象となりうる詐害性を帯びる行為が，不法行為を構成しうるという一般論を述べたと解される。
63) 本件に対しては，否認権行使対象となる事業譲渡に対する助言等を行ったことが不法行為にあたるかを判断する前提として，本件事業譲渡の否認対象該当性について検討するべきとの見解がある（岡伸浩「否認権行使の対象となった事業譲渡の助言をしたファイナンシャルアドバイザリー会社に対する破産管財人からの損害賠償請求の可否（東京高判平成26.1.23）」事再145号（2014年）81頁）。
64) 中田裕康「詐害行為取消権と否認権の関係」山本克己＝山本和彦＝瀬戸英雄編『新破産法の理論と実務』（判例タイムズ社，2008年）301頁。
65) 学説上は，会社分割や事業譲渡が行われず，倒産処理手続に入った場合に得られたであろう清算価値と比較して，会社分割や事業譲渡が行われた場合の弁済率が下回っているときに，詐害性があると解するものがある（難波・前掲書（注46）134頁以下，坂本三郎ほか「『会社法制の見直しに関する中間試案』に対する各界意見の分析（下）」商事1965号（2012年）44頁）。
66) 法制審議会会社法制部会第8回会議議事録（2010年12月22日開催）6頁，法制審議会民法（債権関係）部会第5回会議議事録（2010年3月9日開催）33頁以下，同「民法（債権関係）の改正に関する中間試案の補足説明」（2013年2月26日）165頁以下等。
67) 中東正文「要望の顕現－組織再編」中東正文＝松井秀征編著『会社法の選択―新しい社会の会社法を求めて』（商事法務，2010年）260頁以下。
68) フランス法の会社分割制度に示唆を受けて，学説が展開された。三枝一雄「フランス新会社法における会社の分割」法論43巻1号（1969年）2頁以下，田村諄之輔「会社の分割―序論的考察」上智大学創立40周年記念論文集（1983年）55頁以下，田村諄之輔「商法改正追加事項の検討(4)」商事1072号（1986年）11頁以下，吉田昂「会社の合併および分割に関する改正意見Ⅱ―分割の部(2)」商事536号（1970年）2頁以下等。
69) 中東・前掲（注67）320頁以下。
70) 奥山健志「会社分割の濫用　会社分割の濫用事例を踏まえた会社分割制度の問題点」ジュリスト増刊『会社法施行5年　理論と実務の現状と課題』（2011年）165頁。
71) 藤田友敬「組織再編」商事1775号（2006年）55頁，吉田正之「会社法における会社分割―債権者保護の問題点」布井千博ほか編『川村正幸先生退職記念論文集　会社法・金融法の新展開』（中央経済社，2009年）555頁。
72) 郡谷大輔「詐害的な会社分割における債権者の保護」落合誠一＝太田洋＝森本大介編著『会社法改正要綱の論点と実務対応』（商事法務，2013年）160頁以下。

73) 森田修「債権者取消権」『債権回収法講義〔第2版〕』(有斐閣, 2011年) 54頁。
74) 青竹正一「民法改正の会社法への影響(下)」判時2303号 (2016年) 12頁, 法制審議会民法 (債権関係) 部会第5回会議議事録 (2010年3月9日開催) 46頁以下参照。
75) 破産法上, 詐害行為取消権との要件の統一化は難しいと厳しい批判がある (杉山悦子「詐害行為取消権と否認権—研究者の観点から」山本和彦編『債権法改正と事業再生』(商事法務, 2011年) 238頁以下。
76) 第一東京弁護士総合法律研究所倒産法研究部会編著『会社分割と倒産法—正当な会社分割の活用を目指して』(清文社, 2012年)。
77) 土岐敦司＝辺見紀男編『濫用的会社分割—その態様と実務上の対応策』(商事法務, 2013年)。
78) 伊藤眞「会社分割と倒産法理との交錯—偏頗的詐害行為の否認可能性：責任財産の割合的減少をどのように捉えるか」NBL968号 (2012年) 12頁。

　なお, その後, 伊藤眞は, 破産法160条の狭義の詐害性と同法161条の相当対価処分行為を連続的に捉える見解をとっている (伊藤眞「会社分割と倒産法理との交錯—偏頗的詐害行為の否認可能性：責任財産の割合的減少をどのように捉えるか」第一東京弁護士総合法律研究所倒産法研究部会編著『会社分割と倒産法—正当な会社分割の活用を目指して』(清文社, 2012年) 35頁)。
79) 松下淳一「濫用的会社分割についての覚書」事再138号 (2012年) 149頁。偏頗行為の準備行為であると説明している。
80) 田中亘「会社法改正の視点からみた濫用的会社分割」土岐敦司＝辺見紀男編『濫用的会社分割—その態様と実務上の対応策』(商事法務, 2013年) 26頁。
81) 得津・前掲 (注54) 267頁。
82) 受川環大『組織再編の法理と立法—利害関係者の保護と救済』(中央経済社, 2017年)。
83) 神作裕之ほか「金融法学会第34回大会資料」金法2071号 (2017年)。
84) 竹下守夫監修『破産法比較条文の研究』(信山社, 2014年) 472頁〔上原敏夫〕。
85) 倒産申立義務をめぐる議論について, 吉原和志「会社の責任財産の維持と債権者の利益保護—より実効的な規制への展望 (3・完)」法協102巻8号 (1985年) 46頁参照。
86) 本規定は, 早期の手続開始は, 更生の機会さらには倒産手続の経済的成果をよりよいものにすると考えられていたことから, 適時の手続開始のために, 旧破産法の支払不能概念を緩和する改正が行われた (河崎裕子「破産手続開始原因概念の再検討——『支払不能』と『支払停止』の関係を中心に」慶応ロー28号 (2014年) 89頁以下。

　Vgl. Begründung zu §§20, 21 Regierungs- Entwurf einer Insolvenordnung (BT-Drucks. 12.2443 v. 15.4. 1992.)。旧破産法における厳格な支払不能概念が緩和されたにもかかわらず, 判例は, 支払不能概念を明確化し, 従前の支払不能概念に揺り戻す基準を判例法理として形成した (BGH, Urt. v. 24. 5. 2005, BGHZ 163, 134. 河崎・前掲90頁以下)。
87) 山本弘「ドイツ連邦共和国における企業再建手続導入論の動向」民訴39号 (1993年) 161頁以下。
88) 河野憲一郎「倒産法の基礎理論」立命2016年第5・6号上巻 (2016年) 128頁以下。

第2章　詐害性の判断基準
　　　——ドイツ法の比較法的考察

　本章では，前章で示した問題を検討する際の示唆を得るために，ドイツの組織再編法制を考察する。
　まず，Ⅰにおいて残存債権者保護に関する法領域の交錯，Ⅱにおいて会社分割や事業譲渡の利用の現状について概観する。
　次に，Ⅲにおいては，組織再編法について，歴史的経緯に沿って制度の形成過程を示し，債権者保護規定の具体的内容や性質について，判例および学説を詳細に検討する。
　さらに，Ⅳでは倒産法上の否認権，Ⅴでは債権者取消権法上の取消権における詐害性の要件について，判例および学説を分析する。この分析をもとに，詐害性の判断基準について詳細に検討する。
　Ⅵでは商号続用責任規定，Ⅶでは組織再編に係る決議の効力を争う訴えについて，組織再編の局面においては事業継続を重視する傾向にあることを確認するために，判例および学説を分析する。そして，詐害性の判断基準も，事業継続が念頭に置かれて構成されているのか，考察する。

Ⅰ　概　　観

　1994年に制定されたドイツの組織再編法は，立法過程において，詐害的会社分割という会社分割制度の恣意的な利用が懸念されたことから，残存債権者保護の手法として，担保提供義務および会社分割当事会社に連帯責任を課す特別の責任を規定している。この連帯責任は，わが国の会社法上の直接履行請求権とは比較にならない非常に強力な効果を有している。そのため，ドイツでは，

判例上，わが国における詐害的会社分割のような事案は現れていない。

　ドイツでも，当該組織再編上の規定のほか，倒産法上の否認権，わが国の民法上の詐害行為取消権と類似する位置づけの債権者取消権法上の取消権，商法上の商号続用責任規定が，詐害的会社分割における残存債権者の保護類型として存在している。これらの保護類型による保護の効果は，組織再編法上の連帯責任の効果によってカバーされ達成されるため，もはや価値がないといわれることもある。しかし，これらの保護類型は，組織再編上の連帯責任とは目的，人的，時間的な前提や法的効果が異なり，それゆえ，排除されたとはいえないであろう。

　組織再編法は詐害性を定義していないため，詐害性の判断基準を同法から導くことは難しい。しかし，組織再編法制定以前から詐害的会社分割における残存債権者の保護類型として，上記のものが存在していた。倒産法上の否認権と債権者取消権法上の取消権を検討することによって，ドイツがどのように詐害性を捉え，詐害性の判断基準を作り上げているのかを理解することができる。

　以下で検討するとおり，組織再編法，倒産法および債権者取消権法は，事業継続を考慮に入れて規制がされていることも，注目すべき点である。ドイツは，わが国の組織再編無効の訴えに対応するものとして，株式法上，組織再編に係る決議の効力を争う訴えを規定しているが，債権者は，当該訴えの提訴権者とはなっていない。しかし，当該訴えの規定が，訴えの対象となる組織再編の法的安定性や事業継続を重視し，判例や学説が蓄積され，詐害性の判断基準に影響を及ぼしていると理解できることは，わが国に対して一定の示唆を与えるものといえる。

　ドイツの倒産法および債権者取消権法の立法過程や，否認権と取消権が関連づけられていることから[1]，両法を分析することは，わが国の破産法上の否認権や民法上の詐害行為取消権の行使による効果や関係性を検討するための手がかりが得られると考える。

　組織再編法や倒産法は，事業再生における組織再編を促進しようという目的を有している[2]。倒産法は，EU域内で事業再生法制の整備が進められたことに伴い，2012年3月1日の「企業再建を更に促進する法律 (ESUG: Gesetz zur weiteren

Erleichterung der Sanierung von Unternehmen)」(以下,「ESUG」という)により改正された。これは,再生機会の改善のために,債務者および債権者が倒産手続の機関の選任に関与し,そして全ての関係者が手続の展開についてより高度な計画の確実性を維持できるようにし,倒産処理計画による再生可能性を拡大し,それを阻止する要素を除去することを目的としている。そして,事業再生の促進を目指し,債権を持分権へ変更するDES (Debt Equity Swap) を規定し,債務超過の会社が組織再編行為の譲渡会社となりうることを明らかにしている[3]。

ドイツは,事業再生を含めた組織再編について事業継続を念頭において,法規制をしている。そのなかで,債権者保護のあり方,会社分割や事業譲渡に詐害性があると疑われる場合の詐害性の判断基準のあり方が,事業継続の趣旨に影響を受けたうえで,どのように構成されているのかということは,検討すべき点であるといえる。

II 会社分割および事業譲渡の状況

ドイツの組織再編法は,組織再編に関する規制を統合する法整備を行い体系化すること,企業が経済環境の変化に適合できるよう企業活動の法的枠組みを改善すること,従来の法律上の規制の空所を補充し,投資家,特に少数派持分所有者および会社債権者を適切な方法で保護すること等を目的としている[4]。

組織再編法制定以前から,組織の再編は行われており,会社分割は企業の再編成に有益な手段であると認識されていたが,規定としては存在しておらず,既存の制度を組み合わせて事実上の会社分割が行われていた。日本の会社分割に対応する物的分割は,分割会社の財産の一部または全部を1個もしくは複数の既存の会社または新設会社へ現物出資 (Sacheinlage) し増資することにより行う方法 (株183条・205条,有56条),または1個もしくは複数の会社を新設し,当該会社に現物出資する現物設立 (Sachgründung) の方法 (株27条,有5条4項・9条・19条5項) により,個別財産を特定承継の方法で移転し,承継会社の持分を分割会社自身が取得することによって行われていた[5]。当時の会社法制は,企業 (Unternehmen) を包括的に移転するための規定を有しておらず,会社財産の移

転において包括承継が認められなかったため，一般に現物出資による財産の個別移転の方法が採られ，個々の債権者の同意を得て譲渡される必要があった。このように，事実上の会社分割は手続が煩瑣であり，企業にとって負担であったことから，立法による解決の必要性が唱えられ，組織再編法に会社分割制度が新設されたのであった。

　組織再編法は，組織再編（Umwandlung）という上位概念の下に，合併，会社分割，財産譲渡，組織変更という方式を規定し，合併および会社分割の際には，財産の移転は包括承継の方法によりなされることを総括的に規定している。会社分割制度の重点の一つは，既存の分割会社の財産を分離し，分離した財産を一体として包括的に移転させることができるとした点にあり，個別的承継とは異なり，債権者の同意を得ることなく契約関係を移転させることができ，会社分割が機動的に行えるようになった。組織再編法は，人的分割および物的分割を規定しており，各類型とも利用が進んでいると言われてきた。しかし，会社分割当事会社は，債権者保護としての連帯責任を負うリスクがある。それゆえ，当事会社が多額の債務を有している場合には，会社分割は難しく，事業譲渡の利用が多くなるとも推測できる。

　ドイツでは，裁判上，会社分割や事業譲渡について，債権者保護の観点から争われる事例は少ない。もっとも，実務上は，近年いくつか大規模な組織再編の事例があった。

　例えば，2011年のメルケル政権による2022年までの脱原発を目指すエネルギー政策の転換に大きな影響を受けて，行われたものがある。DAX指数の構成銘柄であり，電力会社であるRWE株式会社は，2015年12月1日，分離分割による会社分割を行い，再生可能エネルギー事業，配電事業および小売事業の3事業を統合する子会社を新設し，親会社は従来の発電およびエネルギー取引の2事業を行うこと，親会社は新子会社の約90％の株式を保有し，約10％は公募による増資を行うことを公表した。これは，RWE株式会社の不採算部門，特に従来型発電事業を親会社である同社に残し，将来性のある再生可能エネルギー事業を子会社であるInnogy欧州会社に移し，RWE株式会社の労働者約6万人のうち，約4万人がInnogy欧州会社に異動するというものであり，同年

12月11日の監査役会で承認された。Innogy欧州会社は2016年10月に上場し，そして，RWE株式会社は同社が所有するInnogy欧州会社の株式を売却し，収益改善を目指したのであった。大手電力会社であるE.ON株式会社も，2014年11月30日，新しい組織再編戦略を公表した。それに基づいて，E.ON株式会社は，2016年1月，存続分割による会社分割を行い，Uniper株式会社を設立し，E.ON株式会社自身は再生可能エネルギー事業，配電事業，小売事業と原子力事業（E.ON株式会社の子会社であるPreussen Elektra有限会社が行う廃炉事業）に集中し，在来型発電事業（火力，天然ガス，石炭），グローバルなエネルギー取引事業といったエネルギー供給の安全に不可欠な事業をUniper株式会社に移した。[17]

　事業再生に関する濫用的な事案として，Suhrkamp事件がある。出版を業とするSuhrkamp株式会社は，従前，有限合資会社の形態をとっていた。[18] Suhrkamp社は，数年来，多数派社員と業務執行社員の対立，多数派社員と唯一の少数派社員の対立があった。同社の多数派社員は，2013年5月に倒産手続開始申立てを行い，株式会社への組織変更を行う倒産計画をたてたが，これは少数派社員が合資会社に有している一定の権利を奪うことを目的として，倒産原因の「支払不能のおそれ」も故意に招来したものであり，倒産計画においては，倒産法270条以下の傘の保護規定（Schutzschirmverfahren）[19]により会社機関が自己管理を行うことを申請しており，多数派社員が影響力をもつことになるというものであった。本事件では，ESUGにより，倒産法上，債権者は倒産計画により新株予約権を得て，倒産計画手続が少数派社員に不利となる場合がありうるが，これは会社法上の社員相互間の誠実義務に合致しないのではないかということが問題となっていた。[20]この事業再生に関する事件は，特殊な背景事情によるものであった。なお，事業再生に関しては，学説上，継続企業価値のある営業部門の会社分割が，伝統的な事業譲渡の他の選択肢として，実務の重要な位置を占めているといわれている。[21]

　ドイツにおける組織再編について，判例上，わが国のような詐害的会社分割が現れていないのは，組織再編法制における残存債権者の保護規定として，会社分割当事会社の連帯責任が定められていること，そして，多くの会社がコンツェルンの体制をとっていることが考えられる。[22]

39

III　組織再編法

1　概　観

　本節では，わが国における詐害的会社分割の残存債権者保護規定である会社法上の直接履行請求権の比較対象として，ドイツの組織再編法上の債権者保護規定——連帯責任を中心に——を取りあげる。組織再編法制定までの過程を追いつつ，連帯責任の形成，他の規制との調和，そして性質について検討する。なお，ドイツでは，合併等の組織再編の法的主体は広範囲にわたるが，わが国との比較のため，以下では株式会社を念頭において検討を進める。[23]

　組織再編法は，まず合併に関する一般規定を置き，[24]それらの多くを会社分割，財産移転および組織変更に準用している（組125条・176条1項・204条・205条1項・206条）。組織再編法上は，債権者保護の規定として，組織再編当事会社の①担保提供義務（22条），組織再編当事会社の②役員の損害賠償義務（25条・27条），会社分割に特有の③会社分割当事会社の連帯責任（組133条）が置かれている。[25]

　組織再編法は，会社分割について，消滅分割（Aufspaltung），存続分割（Abspaltung）および分離分割（Ausgliederung）の3つの類型を規定している。[26]わが国の会社分割と同じ物的分割は分離分割であり，[27]残りの消滅分割[28]および存続分割[29]は人的分割である。分離分割は，組織再編法制定以前から，会社の企業の全部または一部を既存または新設の子会社に対して現物出資し，その対価として子会社持分を取得することによる企業の全部または一部の独立と解されており，分割会社と承継会社との間に親子関係を成立させる手法として用いられていた。ドイツにおける典型的な分離分割による親子会社関係の構築，100％完全子会社の設立は，資産の交換にすぎないと解されていた。[30]

　組織再編における債権者保護規定の形成は，合併が1861年普通商法典（Allgemeines Deutsches Handelsgesetzbuch）247条に規定されたことに始まり，[31]法制度の発展とともにさまざまな形態が現れ，1994年組織再編法で体系化され

た。1861年普通商法典は，合併について，会社の解散の登記をもってその財産が統合され，存続会社に承継されるものとみなし，その資産および負債は個別的ではなく包括的に承継されるという手法を創設した。債権者保護として，同法247条2項1号は，合併の消滅会社の債権者が弁済を得るまでの間，消滅会社と存続会社の資産は分離して管理することを規定した。この財産の分離管理は，普通商法典制定以前から実務上行われていた方法であり，債権者保護はこれで十分であると考えられたが[32]，財産の分離管理が行われることは当然であるという認識が，連帯責任に関するその後の立法や学説の展開に影響を及ぼしていると考えられる。

次に，1884年改正普通商法典は，定款で規定する場合には，株式合資会社から株式会社への組織変更を可能とし (206a条1項)，1892年有限会社法は株式会社から有限会社への組織変更を可能とした (80条・81条)。これは，ドイツにおける多くの企業が，株式会社形態が不適切であったにもかかわらず，有限責任のために株式会社となっていたという事情から認められた。株式会社から有限会社への組織変更に伴う株式会社の解散に関連する債権者保護として，債権者は弁済期にある債権の弁済を受けるか，暫定的な担保提供により満足を得ることが規定された (81条3項)[33]。

1897年商法典では，合併規制の整備が進み，清算が先行する合併と，清算を伴わない合併という2つの形態が規定された。清算が先行する形態は，本来的な合併ではないと解され (uneigentliche Fusion)，存続会社は，自己の債務の状況を概観し，合併により過大な債務を承継するというリスクを制限することができた。消滅会社の清算は，譲渡契約の締結，譲渡契約や増資に関する株主総会決議，増資に関する登記等の後になされ，消滅会社の財産は，個別承継の方法により，株式の交付と引き換えに，存続会社へ移転する。清算を伴わない形態は，本来的な合併 (eigentliche Fusion) と位置づけられていた。この形態では，消滅会社の財産は存続会社へ包括承継され，債権者保護は財産の分離管理によって図られた (306条)[34]。

1934年資本会社の組織変更に関する法律 (以下，「1934年組織変更法」という) は，株式会社の合名会社への組織変更を，他の形式の基本事例とした (2条)。

同法の債権者保護は，1897年商法典における規定と本質的に同様であり，債権者が満足を得られない限りにおいて，担保提供請求権を認めつつ（6条），6ヶ月の間，会社財産を分離して管理しなければならず，承継する財産は，その期間，特別財産としなければならないと規定されていた（7条)。

1937年株式法では，1934年組織変更法を侵害しないよう合併および組織変更について規定され，債権者保護規定の充実も図られた。同法では，合併については，経済上の利益から，他の会社形態との合併が認められ，清算を伴わない合併が新しく合併（Verschmelzung）として把握され（233条)，そして吸収合併（234条）とならんで新設合併（247条）が規定された。債権者保護としては，合併登記の公告後6ヶ月内における担保提供請求権（241条）のほか，消滅会社の既存の債権者が，合併により損害を被った場合の，消滅会社の役員に対する特別の損害賠償請求権を導入することにより，保護が図られた（243条)。消滅会社の財産の分離管理に関する規定は，存続会社にとって支障となり実用的ではないとして，規定されなかった。

1934年の組織変更法に続く1956年資本会社および鉱業会社の組織変更に関する法律では，根本的な新規定は置かれなかったが，さまざまな組織変更が可能とされ，債権者保護としては，担保提供請求権（7条）のほか，1937年株式法には規定されなかった財産の分離管理が置かれた（8条)。同法は，実務上あまり意味がないと解されており，財産の分離管理を規定することは債権者保護の後退であるといわれていた。

1965年株式法の主要な特徴として，企業結合に関する規定を新設し，体系的なコンツェルンの規制をしたことがある。しかし，コンツェルンの形成過程に関して，編入（319条以下)，合併（339条以下)，全財産の譲渡（361条）等の規定を置いたが，企業の組織変更手段の多様化には十分対応していないと評価されていた。同法では，債権者保護に関して，1937年株式法から革新的な変更はなかった。企業は，コンツェルン形成において，事業部門を合理化・専門化するため，または有限責任を享受するために，特定の事業部門を分離して設立し，既存会社に一部合併し（Teilfusion)，あるいは他会社との技術的・資金的提携のためまたは新事業への進出に伴うリスク分散として合弁会社を設立していた。

しかしこれに対応する特別の規定は存在しなかったため，会社財産の一部の分離（Ausgliederung）は，現物出資による会社の設立または新株発行に関する規定に基づいて行われていた。[41]そして，債権者保護は十分ではなかったため，学説上，フランスが資産の一部出資を会社分割に関する規定により認めていることに着目し，これを参考にして，ドイツで実務上行われていた企業分割について，会社分割手続の簡易化と，株主・債権者の利益保護が，検討されるべきだと唱えられていた。[42]

会社分割制度に関して，組織再編法制は，1982年に採択されたEC合併指令およびEC会社分割指令を国内法化し，発展していった。EC会社分割指令は，EC合併指令の制定過程において，合併に似た類型として考えられた会社分割制度を，独立させて規定したものである。[43]EC合併指令が国内法化され，同指令13条により，担保提供請求権は，存続会社，新設会社の債権者に対しても拡大された（株347条1項1文）。しかし，消滅会社の債権者については保護の必要性が重視されなかったため，担保提供請求に際して，存続会社の債権者に対し，合併により自己の債権の履行が危殆化することを立証しなければならないと規定された（同項2文）。

EC会社分割指令は，すでに人的分割の規定を有していたフランスに範をとり制定された。具体的には，加盟国は，会社分割計画案の公告時にすでに存在し，公告時に履行期が到来していない会社分割当事会社の債権者利益を保護する適切な制度を設けること（12条1項），分割会社の財務状況から債権者保護が必要となる場合には，債権者には相当の担保提供請求権が付与されること（同条2項），分割会社の債務を引き受けた承継会社の債権者が満足を得られない場合には，他の承継会社が当該債務につき連帯責任を負うことを規定しなければならないが，この連帯責任は債務を承継した会社以外の各承継会社に帰属した純資産の額に制限できること（同条3項），全ての承継会社に分割会社の全債務につき連帯責任を負わせるときは，その他の保護措置を設けることは必要とされていないこと（同条6項）が規定されていた。分割会社の債務の分配は分割計画書のなかで規定されるが，債務の分配方法について分割計画書で割当てが決められず，解釈によっても割当てが確定できない場合は，会社分割後の会社

43

が連帯責任を負うとされた（3条3項(b)）。

会社分割制度は，1991年信託公社が管理する企業分割に関する法（以下，「信託公社分割法」という）において，明確に現れた。同法は，ドイツ統合後，旧東ドイツが市場経済へ移行する際に旧東ドイツの国営企業（信託公社）を資本会社へ再構成する必要があり，信託公社が持分を直接または間接に所有する資本会社を分割または分離し，その分割部分を新資本会社へ移転することを目的として制定されたものであったが，1994年組織再編法の草案に依拠して整備された。信託公社分割法では，新設消滅分割および新設存続分割の方式が認められ，財産は部分的に包括承継され，債権者保護として，会社分割当事会社は，分割会社の債務について，会社分割が行われなければ債権者が弁済を受けていたであろう範囲で連帯責任を負うこと（11条1項1文），債権者が会社分割登記の公告後6ヶ月以内に担保提供を求める目的で債権の届出をしたときは，債権者が弁済を受けられない限度において，債権者に対し担保提供請求権が認められること（同項2文）が規定された。

1994年組織再編法における会社分割制度は，①市場で独立した単一体の設立，特に共同企業体を設立するための提携の相手方となる子会社の設立，他の企業と部分的に合併するための準備段階，②企業の一部を譲渡するための準備，③責任リスクの分離，特に新しい生産物の開発において生じるリスクの分散，④事業所の消滅分割，⑤事業会社の持株会社または部分的持株会社への変更，⑥経営のための財産と経営上不要な財産との分割，⑦株主グループまたは同族間における共同所有者相互の分割，⑧遺産分割による清算の先行または準備，⑨コンツェルンの下位会社（株式を保有されている会社）または部分的コンツェルンの一部のコンツェルン上位会社（株式を保有する会社）への適合，⑩瑕疵ある合併または成果のなかった合併の解消，⑪競争制限禁止法に基づく企業結合の解消，⑫コンツェルンおよび市場支配的大企業を解体し，複数の法的・経済的に独立した単位に分割する解体措置が必要とされたことから，導入された。組織再編法は，企業の円滑な経済活動に対応し，会社分割が機動的に行われるよう，分割会社から分離された財産は包括承継（partielle Gesamtrechtsnachfolge）され，個々の契約関係は分割会社の既存債権者の同意を得ずに承継されると規

定している。そして，債権者の同意の代替として，1965年株式法347条1項を継受した担保提供義務のほか，特別の保護規定としての連帯責任を置いたのであった。

2 債権者保護規定の意義

(1) 構　造

　組織再編法制が歴史的に発展するなかで，債権者保護規定は形成された。組織再編法上の①担保提供義務（組22条），②役員の損害賠償義務（組25条・27条），会社分割に特有の③会社分割当事会社の連帯責任（組133条）のうち，本稿は特に③の連帯責任を中心に検討するものであるが，各々の規定がどう相まって債権者保護のあり方を作り上げているかについても，確認しておく必要があるだろう。以下では，まず，債権者保護規定の内容を示す。

　組織再編法は，合併当事会社の①担保提供義務を規定し，これを他の組織再編に準用している。合併当事会社は，その所在地の登記簿に合併登記が公告された日から6ヶ月以内に，債権者が自己の請求権についてその発生原因および金額を記載した請求書を書面により届け出たときは，当該債権者が弁済を求めることができない限りにおいて，これに対して担保を提供しなければならないと規定している（組22条1項1文）。担保提供請求権は，弁済期が到来していない債務について認められる。当該規定は，合併により合併当事会社の債権者の有する請求権が危殆化することから債権者を保護するものである。[49]

　担保提供請求をする債権者は，合併により自己の債権の履行が危険になったということを疎明しなければならない（組22条1項2文）。担保提供請求権には，具体的な危険が必要とされる。ここでいう危険とは，損失額の確定を意味するものではないが，重要な事業の単なる悪化だけでは足りず，少なくとも債務者である合併当事会社が当該債権の履行期に市場での信用をもはや保てないことや，債権者への反対給付が履行されておらず，債権者が担保提供を受けることなく引き続き契約を維持しえないことと理解されている。合併による債権者の請求権の危殆化は，会社の資産状況だけではなく，資産，財務，収益状況および既存の担保を基礎として判断されるべきものであり，将来履行期が到来する

請求権については，現在の資産状況よりも収益力が重要視されている[50]。

　組織再編法は，財産移転会社（übertragende Gesellschaft）および財産承継会社（übernehmende Gesellschaft）の②役員の損害賠償義務について規定している。わが国では，同様の局面で役員の責任追及がなされることは，実際上は考えにくいが，ドイツでは，最終的な債権者保護の手法とされている。当該規定も，まず合併について規定され，他の組織再編に準用されている。財産移転会社の役員の損害賠償義務について，合併の場合，消滅会社の取締役および監査役は，消滅会社，株主または債権者が合併によって被った損害について，連帯債務者として賠償義務を負う。ただし，消滅会社の財産状況の検査および合併契約の締結に際して注意義務を尽くした役員はこの限りではないと規定している（組25条1項）。消滅会社の役員に対する損害賠償請求権は，財産承継会社の所在地を管轄する登記裁判所への合併登記が公告された日から5年を経過したときに時効消滅する（同条3項）。財産承継会社の役員の損害賠償義務については，財産承継会社の所在地の登記簿への合併登記が公告された日から5年を経過した時に時効消滅する（組27条）。1965年株式法は，取締役および監査役の会社に対する損害賠償責任について規定しているが（株93条・116条），第三者に対する損害賠償責任についての規定は有していない。債権者は，取締役が通常の誠実な事業指揮者としての注意を著しく怠った場合に，債権者が会社から弁済を受けることができない場合に，会社の請求権を行使することができるが（株93条5項），株式法には会社債権者の直接的な救済規定が存在しないため，組織再編法が，債権者に固有の請求権として，本規定を置いたと理解されている[51]。債権者のリスクが増大する場合は，第一に担保提供義務により調整されるが，財産承継会社の財産が担保提供義務に十分ではない場合に，債権者は，役員へ損害賠償請求をするという関係に立っている[52]。

　組織再編法は，会社分割に特有の③会社分割当事会社の連帯責任を規定している。会社分割当事会社は，分割の効力発生前に生じた分割会社の債務について，連帯債務者としての責任を負う（組133条1項1文）。分割契約書または分割計画書において，会社分割の効力発生前の既存の債務を割り当てられなかった会社分割当事会社は，その債務の弁済期が会社分割後5年を経過する前に到来

し，かつこれを裁判上請求されたときにのみ責任を負う（同条3項）。承継会社または設立会社（以下，「承継会社等」という）は，自己に割り当てられた債務のみならず，分割会社に残存する債務や，承継会社等に割り当てられた債務についても責任を負う。組織再編法は，債務を割り当てられた会社を主たる債務者，債務を割り当てられなかった会社を共同責任者と位置づけており，共同責任者は，上記の通り5年を経過することで免責されるが，主たる債務者はこれに該当せず，免責されないと規定している[53]。共同責任者が負う責任は，あくまで副次的なものと捉えられている[54]。

　会社分割では，分割会社の会社財産は，承継会社等に部分的に包括承継される[55]。分割会社の残存債権者となる者は，財産の個別移転の際に個々の債権者の同意を必要とする民法の一般条項とは異なり，会社分割手続に参加する権限を有していない。分割会社は，会社分割自由の原則に基づき，分割会社の資産および負債を承継会社等へ任意に分配することができる。しかし，会社分割によって分割会社の収益力が減少すること，分割会社の責任財産が減少することにより債務履行のための支払能力が減少することが考えられる[56]。それゆえ，組織再編法は，分割会社による会社分割制度の恣意的な利用を防止し，分割会社の残存債権者の保護を図るために，担保提供義務および当該規定を置いている。以下の立法経緯でも紹介するように，分割会社が会社分割自由の原則と包括承継という利便性を有することの引き換えに，わが国とは異なり，非常に強力な債権者保護規定を置いているのである。

(2) 立法経緯

　どのようにして，上記の債権者保護規定が作り上げられたのかについて，立法経緯や当時の議論を追うことによって，組織再編法における債権者保護の方針を確認することができる。組織再編法の立法経緯は次のとおりである。1988年，ドイツ連邦司法省は組織再編法討議草案（以下，「討議草案」という）[57]を公表した。1982年のEC会社分割指令には，物的分割に関する規定は存在せず，ドイツ国内では物的分割は会社分割の一類型としない見解もみられたが[58]，討議草案は会社分割の一類型として示した。1992年には，組織再編法参事官草案（以

下,「参事官草案」という⁵⁹⁾）が公表され，1994年1月には，学界や関係諸団体から寄せられた意見を参考にして，連邦議会と連立政権の共同草案が組織再編法政府草案（以下,「政府草案」という⁶⁰⁾）としてまとめられた。政府草案は，同年6月13日連邦議会における司法委員会の報告および議決勧告⁶¹⁾により，同月16日第12連邦議会第2第3読会で通過した⁶²⁾。同年7月8日，連邦参議院は，民法613a条および労働者の共同決定に関する規定を欠いているため，仲裁委員会の議論の結果，これを拒否したが⁶³⁾，同年9月6日若干の修正を経て政府草案は通過し，同月23日連邦参議院で可決された⁶⁴⁾。

(a) 1988年討議草案　討議草案では，分割会社が承継会社等へ資産および負債を任意に分配できるため，会社分割制度の濫用がされないように，特別な債権者保護規定が必要であると考えられた。もっとも，ここで「濫用的」の意味内容は明らかにはされていなかった。討議草案は，分割会社の債権者に対する債務不履行について，分割計画または引受契約により債務を割り当てられた全ての承継会社等に，包括承継人としての連帯債務を負わせるとした。この段階では，連帯債務の範囲は，会社分割当事会社へ譲渡された目的物に限定されていた。

ところで，同時期に制定された信託公社分割法は，連帯責任の範囲を，会社分割が行われなければ債権者が弁済を受けていたであろう部分として，具体的制限ではないが，債務の総額より制限されうる方法を採用した。同法の参事官草案は，会社分割における債権者の危険は，連帯責任とすることにより最も保護されると簡単に記載するに留まっていた⁶⁵⁾。しかし，連邦議会司法委員会は，全ての会社分割当事会社に連帯責任を課すことは会社分割による債権者の要求を満足させるが，分割会社自身の分割財産はそれに対して十分ではなくなるであろうことから，会社分割が行われなければ債権者が手にするであろう対象としての財産に制限して，総債権者が平等に取り扱われるよう，連帯責任が課されるべきであると勧告していた⁶⁶⁾。さらに，連邦議会司法委員会は，連帯債務の範囲を設定しないならば会社の民営化を阻害しうること，連帯債務の額を算定できないならば会社分割によって承継会社等に承継されうる価額が減少し，会社の譲渡可能性がひどく制限されうるということも述べていた⁶⁷⁾。信託公社分割

法の立法過程は，組織再編法の参事官草案に影響を及ぼすことになった。ここで指摘された債権者の平等取扱が，総債権者が完全な弁済を受けることを意味するのか，完全な弁済ではないが債権者間の実質的な平等が図られていることを意味するのかということについては，その後，組織再編法の見解が固まっていくことになった。

　(b)　1992年参事官草案　　参事官草案では，分割契約または引受契約により承継会社等のいずれにも割り当てられず，かつ割当が解釈によって確定できなかった債務について，債務を割り当てられなかった会社分割当事会社も，対外的に連帯債務者となること，ただし当該連帯債務は会社分割効力発生時に弁済期が到来している債務および弁済期が会社分割後5年以内に到来する債務に課されることが規定された[68]。この規定は，会社分割自由の原則により，債務の分配の方法が制限されず，債権者にとって特別な危険が生じうるため，EC会社分割指令3条3項b第2文が，連帯責任の範囲について，各承継会社に譲渡される純資産の額を限度とする旨を規定しているにもかかわらず，ドイツの組織再編法はこれを採用せず[69]，同指令より債権者保護を厚くすることを示していた。そして，会社分割は合併と対比される状態であるから，承継会社の側も，当該連帯責任を負う必要があるとした[70]。

　参事官草案は，連帯責任の他に，弁済期未到来の債務について，債権者の担保提供請求権について規定した。参事官草案は，信託公社分割法が規定する担保提供請求権とは異なり，債務者の免責規定を置かず，分割会社の債権者は担保提供請求権を当然に行使できるが，承継会社等の債権者は，担保提供請求権を行使するに際して会社分割によりその債権の履行が危険になったということを疎明しなければならないとした。

　参事官草案は，連帯責任を第一義的な債権者保護規定としていることから，討議草案ではなく信託公社分割法における連帯責任の構想を継受したものと考えられる。参事官草案に対しては，連帯責任となる債務を弁済期の到来・未到来で区分していることに批判が集まっていた[71]。その根拠として，貸借対照表における弁済期日の区分 (bilanziellen Gesichtspunkten) は，多くは偶然の時間的な序列によるであろうこと[72]，会社分割の時点で，出発点となる分割会社

（Ausgangsgesellschaft）に対する債権について，弁済期未到来の各債権者の特別な保護の必要性がおろそかにされ，当該債権者が不利な地位におかれるのは適切ではないということがいわれていた。[73]

(c) 政府草案　政府草案は，連帯責任について，参事官草案が連帯責任の対象となる債務を会社分割効力発生時にすでに弁済期が到来しているものに制限したことが問題となったため，参事官草案の当該規定を削除した。政府草案は，連帯債務における共同責任者の責任を会社分割登記後5年内に限定したが，これとEC会社分割指令12条との整合性について，立法者は全く問題にしなかった。信託公社分割法では分割当事会社の連帯責任について時間的制約を設けていなかったが，参事官草案で設けられ，それが政府草案へと維持された。連帯責任の範囲については，結局のところ制限は設けられなかった。

担保提供請求権については，参事官草案から進んで，債権者は，その債権の履行が組織再編によって危険になったということを疎明しなければならないと規定された。これについて，立法者は，財産承継会社の債権者よりも，財産移転会社の債権者の保護が厚いとは思われないからであると説明した。[74]

(3) 組織再編法が想定する詐害性

立法者は，会社分割が恣意的に利用され，詐害的会社分割が起こりうることを懸念し，そのようなことがないようにするための措置として，債権者保護規定を置いた。会社分割という法律行為は，分割会社の倒産リスクを高めうること，単に分割会社の積極財産を承継会社等に譲渡し，債務者である分割会社を破産に陥らせ，分割会社の債務を結果的に免除する手法として，詐害的会社分割が利用されるおそれがあることも立法過程において認識されていた。[75]

しかし，組織再編法は，詐害的会社分割の詐害の意義を規定しておらず判例および学説上も，詐害性の意義は明確にはなっていない。組織再編法制定以前から，債権者の請求権を無価値にしかねない危険，すなわち詐害的会社分割を阻止するために，倒産法上の否認権および債権者取消権法上の取消権の行使が可能であった。それゆえ，詐害性の意義は，もっぱらそれらの規定における詐害性の要件を分析することから導かれると考えられる。

(4) 連帯責任の性質

　連帯責任の性質について，いくつかの点が問題とされている。まず，連帯責任のうち，共同責任者の責任が，5年で免責されることについてどのように考えられるだろうか。Habersackは，5年内に支払期限になる債権を保有する債権者しか法的権利を有しないことになり，当該規定はEC会社法指令12条と整合しないと批判していた。[76)] 反対に，Schwabは，EC会社分割指令12条3項が分配された純資産に制限された共同責任を認めるならば，責任の制限は債権者利益のために適切な保護システムを作るという同指令12条1項の主目的と矛盾しないのであり，この規定は宣言的表明と認識されるとして，当該規定はEC会社法指令12条に対応しているとした。そして，長期にわたる借入金のような債務については，連帯責任は他の債権者保護規定と競合せず，組織再編法22条および125条により担保提供請求権を行使できると唱えた。[77)] Schwabの見解は，連帯責任の範囲を純資産に制限する可能性に触れて展開されているという問題があるが，組織再編法が会社分割自由の原則との調整として，十分な債権者保護規定を有していると理解すると，EC会社分割指令12条をHabersackのように厳格に捉える必要はないと考えられることになる。

　次に，会社分割当事会社にとって厳しく，分割会社の残存債権者にとって親和的な連帯責任の根拠は，どのように考えられるだろうか。Hommelhoffは，分割会社は会社分割に伴い収益力が減少し，または責任財産が減少することにより，支払能力が減少すると考えられると述べている。[78)] しかし，会社分割に伴う財産移転は包括承継の方法により行われるため，財産移転の特定承継の場合に必要とされる債権者の同意は不要となり，分割会社の債権者は，会社分割手続に参画できない。それゆえ，連帯責任は，分割会社が会社分割の自由を有しており，財産移転が包括承継の方法により行われることの代替として解されている。[79)]

　それでは，連帯責任の性質は，責任範囲の制限のあり方に関連して，どのように考えられるだろうか。前述のとおり，立法過程において，連帯責任の範囲を制限することについて問題となっていたが，学説上も，さまざまに議論が展開されていた。ドイツでは，連帯責任の範囲に制限が設けられていないことを起点として，残存債権者の保護について議論されている。[80)] Kleindiekは，譲渡

会社の旧債権者に対する会社分割により生じる会社分割当事会社の連帯責任は，財産に基づき制限された欠損責任（Ausfallhaftung）とし，債権者の保障は担保提供義務により強化されるべきであると唱えていた。[81] すなわち，債権者の保障を，会社分割手続の時系列の前方に移動させるべきであり，会社分割の登記申請前，例えば3ヶ月という期間を設定し，会社分割に同意しない債権者は，その期間内に会社分割に異議を申述できるようにして，担保提供請求権の行使可能性を会社分割の登記申請および登記の前提とする。そして，弁済または担保提供が行われないときは，異議を述べた債権者は，登記裁判所に通知し，会社分割の登記を阻止できることを提案した。[82] Kleindiekは，担保提供義務は会社分割による危険を手当てするものであるが，この目的が必要以上に強い負担となってはならず，民法232条が定める担保提供の方法[83]によるのは，会社分割においては望ましくないこと，連帯責任は狭義の不足額填補責任に制限され，債権者が担保提供を手にいれることができないときに，承継財産の純資産額の範囲内で連帯責任によるべきであることを唱えていた。[84] 責任の範囲を承継財産の純資産額に制限することは，討議草案と同様であり，責任リスクを限定している。Kleindiekの見解は，担保提供義務を事前の措置として捉え直し，これによって残存債権者を保護するものである。しかし，債権者の異議申述が登記を停止させるとしていることは，株式法上の組織再編に係る決議の効力を争う訴えに関して株主による濫用的な提訴が問題となっていることと同様に（本章Ⅶ参照），濫用的な債権者の権利行使により会社分割の恣意的な遅延が引きおこされうるということについて，検討されていないことが問題である。[85]

Teichmannも，連帯責任を無制限とするのではなく，連帯責任的な不足額填補責任とするべきであり，担保提供義務は不足額填補責任を補うとする立法論を展開していた。[86] しかし，Teichmannの見解によると，債権者は債務が分配された会社へ請求しなければならないが，仮に当該会社が支払能力を欠いており，履行できないことを証明できる場合であっても待つ必要があり，著しく時間とコストを費やすことになるのではないかとの疑問が呈示されていた。[87]

Mertensは，修正型連帯責任について論じた。まず，会社分割の効力発生前の既存の債務は，分割契約書または分割計画書において，割当先の会社分割当

事会社が決定されるが，他の会社が債務を承継した場合，当該債務の債権者を直接的債権者，承継先ではない債権者を間接的債権者として分類する。そして，分割会社および他の会社分割当事会社は，直接的債権者が債務を割り当てられた会社から満足を受けられない場合には連帯責任を負うが，その責任は，会社分割時における当該会社の残余財産の価値，他の会社が承継した財産の価値に制限されると唱え，この連帯責任の範囲を制限することについて，修正型連帯責任という概念を用いた。そして，債権者は各会社分割当事会社の債務の分配について知らされるべきであること，債権者が修正型連帯責任で十分ではない危険があるならば，担保提供請求をすることを唱えた[88]。

Mertensの見解は，時的制限がないとしていることについて問題とされている[89]。時的制限がない連帯責任は，債権者にとっては望ましいかもしれないが，債権者保護について債権者と会社分割当事会社の利害調整をしなければならないときに，両者の一方を優遇することはできない。時的制限がない連帯責任は，会社分割が企業の解体の際に用いられる場合に，会社分割当事会社の責任関係が継続することになり，法的効果と矛盾すると考えられる。そして，会社分割当事会社が，場合によってはさらに会社分割を行い，責任関係が複製されるかもしれないということは，会社分割制度の導入における立法上の目的と矛盾する可能性がある。以上のことから，連帯責任に時的制限がないことは問題になるといわれている[90]。そのように考えると，時的制限をつけることは，正当化されることになる。

学説上，連帯責任の範囲を承継財産に制限するという見解は，有力に唱えられていた。制限のない連帯責任は，正当な理由なく分割会社の残存債権者を優遇することになると思われる。しかし，K.Schmidtは，商法25条以下の商号続用責任規定（本章Ⅵ参照）に言及しつつ，連帯責任の範囲を制限することに反対していた。K.Schmidtは，責任を物的に制限する見解は，分割会社からの承継財産を清算財産としての性質を有するとみているが，これは法現実的には相続財産の性質に合致するであろうが，そうであるならば，企業が被相続人と同様に死んでいることになる。しかし，現在事業活動を行っている企業が対象となっているならば，そのような制限をすべきではないことを根拠としていた。

さらに，組織再編法による権利承継は，構成要件上の厳格さをもって企業を方向付けるのではなく，企業と企業の財産に組み込まれ，企業の財産に適合しなければならないのであって，企業の財産そして企業の一部の取得に，物的ではなく総額的な責任制限が適合すると説明し，企業の財産および企業の一部は動的であり，物的な固定できる客体ではないとして，物的な責任制限から総額的な責任制限への移行を唱えた[91]。

このように，学説の批判にもかかわらず，組織再編法上は，K.Schmidtの見解に沿った規定が導入されたのであった。前述のとおり，連帯責任は会社分割当事会社にとって厳しく，分割会社の残存債権者にとって親和的である。しかし，組織再編，特に会社分割における債権者保護は，組織再編法上の規定のみによって図られているのではなく，倒産法上の否認権，債権者取消権法上の取消権の行使，商法上の商号続用責任規定といった選択肢が存在するため，次節Ⅳ以降で検討を続ける。

3　日本法への示唆

組織再編法の検討から，詐害性の意義については日本法への示唆を得られる部分は少ないが，債権者保護規定の設計については，多くの示唆が得られる。

組織再編法上の連帯責任は，わが国の会社法上の直接請求権と比較すると，非常に強力な債権者保護機能を有している。連帯責任は，会社分割制度の恣意的，詐害的な利用を防止するために，担保提供義務とともに規定された。連帯責任の範囲は，商法上の商号続用責任規定の性質との関連や，特定の学説上の見解から導かれた。

わが国の会社法上の直接履行請求権の行使範囲は，承継会社等に対する承継財産の価額を限度としている。ドイツにおける連帯責任をわが国の会社法に導入するならば，承継会社等が分割会社の有する債務を見落としなく精査しなければ，想定外の責任を負うことになりかねない。会社分割制度本来の，企業の経営の効率性を高め，企業統治の実効性を確保するために，柔軟に組織の再編成をするという目的と相容れず，会社分割制度の利用を阻害するものとなりうる。ドイツにおける多くの学説は，連帯責任の範囲について，承継財産の価格

を限度とすることを提案し，日本会社法の直接履行請求権のあり方と同様の方向性を目指すものが多く，日本会社法の当該規定の妥当性を確認できるものと考えられる。

　学説のなかには，わが国の債権者異議手続と関連して捉えられる担保提供義務の役割について，これを強調し，連帯責任との協働を提案するものがあった。ドイツの担保提供義務を事前の債権者保護として捉え直し，これを補うものとして連帯責任を位置づける見解である。この見解によると，会社分割に同意しない債権者は異議を述べ，異議を述べたにもかかわらず担保提供がない場合には会社分割の効力発生が阻止されることになり，組織再編に係る決議の効力を争う訴えによる場合の効果と一貫性をもって説明される。

　わが国では，ドイツと異なり，債権者異議手続を利用できる債権者が，原則として会社分割後に分割会社に対して債務履行の請求ができない債権者に限られているため，まず当該手続の法的効果を再検討する必要があろうが，ドイツの学説にみられるような事前の担保提供義務を重視する方向性は，取引安全の観点からも，わが国では不可能といえるであろう。ドイツの組織再編法における債権者保護規定の構造が，会社債権者の同意を，担保提供義務および連帯責任に置き換えたと解されることからは，反対に，会社債権者の同意があれば，担保提供義務や連帯責任が不要であることが導かれうると考えられる。少なくとも，債権者へ情報提供を行い，債権者から妥当な反論がないことで，債権者保護の手続を踏んだとする可能性については，検討する余地はあると考えられるのである。

Ⅳ　倒産法

1　概観

(1)　組織再編法上の連帯責任との関係

　本節は，組織再編における債権者保護の一つである倒産法上の否認を取りあげる。会社法上の直接履行請求権とは別に，倒産法上の否認権の行使が可能で

あること，否認の類型ごとの詐害性を示し，詐害的会社分割や詐害的事業譲渡の詐害性の意義，そして詐害性の判断基準について検討する。

組織再編法が制定された後は，分割会社の既存債権者は，組織再編法上の連帯責任により，倒産法上の否認権の行使等，その他の手段によらずとも十分に保護されると述べる見解がある[92]。しかし，これに対しては，倒産法上の否認は責任財産の原状回復に資するものであって，目的，人的そして時間的な前提や法的効果が組織再編法上の連帯責任とは異なるため，排除されないと反論できる[93]。事業譲渡は，組織再編法制定以前から，会社分割と同様の状態を作り出すために利用されてきた。これは，会社分割によると会社分割当事会社が負う連帯責任のリスクが問題となり利用しにくいという面もあり，引き続き利用されると考えられる。事業譲渡においては，会社財産の保全や回復による会社債権者保護は，ドイツ民法414条，415条（免責的債務引受），419条（財産引受）[94]，商法上の商号続用責任規定，倒産法上の否認権および債権者取消権法上の取消権によって図られている。それゆえ，倒産法上の否認権について検討し，詐害性の要件について分析する必要がある。

会社分割の分割会社が破産した場合，破産管財人は，会社分割手続により行われた財産譲渡に関して，倒産法129条以下により否認権を行使することになる。会社分割の効力は商業登記簿へ登記することにより発生し，会社分割の手続に瑕疵が存在する場合であっても，当該瑕疵により会社分割の登記後に会社分割を取り消すことは，明文で排除されている。破産管財人が否認権を行使することは，事後的な債権者保護の手段であるが，否認権が行使されたとしても，会社分割の効力は存続し，会社分割手続の瑕疵は治癒されない（組125条1文・16条3項6文・131条2項・20条）。これは，立法者が，会社法上の行為をできるだけ維持するという一般的傾向に基づいていること，会社分割後に会社分割を遡及的に清算することは事実上もはや不可能であり，瑕疵ある会社分割であっても過去および将来において包括的に存続を保護する必要があると考えたことによる[95]。しかし，この規範は根拠が弱いとして批判する学説もある[96]。

Henckelは，会社分割における債権者保護は，組織再編法上の連帯責任により図られるのであり，倒産法上の否認権の行使による保護は予定していないと

いう。Theißen も同様に解し，その根拠として，組織再編法上の連帯責任が存在することによって，残存債権者が害される危険は小さく，倒産法上の否認権の行使により，実質的に正当化されない財産の移動について財産価値を財団に回復させるという，さらなる保護を図る必要性がないと唱えている。加えて，かつては債権者取消権法によっても債権者の取消権は達成できていたであろうが，これも組織再編法上の連帯責任により意味をなさないということも示唆している。しかし，前述のとおり，組織再編法制定前と同様に，債権者保護は倒産法上の否認権の行使等，その他の手段により図られることも考えられる。

(2) 否認権の構造

ここでは，破産法上の否認の類型を概観し，以降の詐害性の判断基準へと検討を進める。分割会社が破産した場合，破産管財人は，倒産法129条以下の否認権行使の要件を満たすときは，会社分割手続により行われた財産譲渡に関して否認権を行使しうる。否認権の行使により，取り消すことのできる法律行為によって債務者の財産から移転した財産は，破産財団に返還される（倒143条1項）。文言上は，原状回復が原則であると解されるが，移転した財産の価額が分割会社に返還され，否認権の行使により会社分割自体が取り消されるものではない。分割会社の事業再生の一環で企業が承継された後は，完全な巻戻しができないとして，そのような解消は不可能であると述べる見解もある。

詐害性の判断基準は，本旨弁済の否認（倒130条），非本旨弁済の否認（倒131条），破産債権者を直接に害する法律行為の否認（倒132条）および故意による加害を理由とする否認（倒133条）という倒産法上の否認類型に関係している。本旨弁済の否認とは，倒産債権者に担保または弁済を与え，または可能にする法的行為（Rechtshandlung）を否認することができるとするものであり，倒産手続の開始申立前3ヶ月以内にされた行為について，行為の当時，債務者が支払不能（Zahlungsunfähigkeit）でありかつ債権者が支払不能を知っていた場合，またはその行為が申立後にされ，行為の当時，債権者が支払不能または開始申立を知っていた場合に，否認権の行使が認められるものである（倒130条1項）。非本旨弁済の否認とは，倒産債権者に担保または弁済を与え，または可能にする法

的行為を，債権者が請求することのできなかった，またはその方法により請求できなかった，もしくはその時期において請求することができなかった法的行為を否認することができるとするものであり，倒産手続の開始申立前1ヶ月前または申立後にされた行為である場合，開始申立前の2ヶ月または3ヶ月以内にされた行為であって，債務者が行為の当時支払不能であった場合，開始申立前の2ヶ月または3ヶ月以内にされた行為であって，この行為が倒産債権者を害することを否認の相手方が認識していた場合に，否認権の行使が認められるものである（倒131条1項）。

破産債権者を直接に害する法律行為（Rechtsgeschäft）の否認とは，倒産手続の開始申立前3ヶ月以内にされた法律行為について，債務者が法律行為時に支払不能であり，かつ相手方がその行為時に支払不能を認識していた場合，またはその行為が申立後にされ，相手方が法律行為の当時支払不能もしくは申立を知っていた場合に，否認権の行使が認められるものである。当該法律行為により債権者に不利益が生じているため，債権者を害する法律行為を否認することができる（倒132条1項）。

故意による加害を理由とする否認とは，倒産手続の開始申立前10年内または開始申立後に，債権者を害する意図によりされた法的行為について，相手方がその行為時に債務者の意図を知っていた場合に，否認権の行使が認められるものである。相手方が債務者に支払不能のおそれ（drohende Zahlungsunfähigkeit）があり，その行為が債権者を害するものであることを知っていたときは，債務者の意図を知っていたものと推定される（倒133条1項）。法的行為が相手方に担保または弁済を与え，または可能にするものである場合には，1項1文の期間は4年となる（同条2項）[103]。

(3) 支払不能，支払不能のおそれ，債務超過

支払不能は，倒産手続開始原因である。支払不能は，債務者が，履行期が到来している支払義務を履行できない状態にあることをいい，原則として債務者が自己の支払を停止したときである（倒17条）。支払不能は，流動性貸借対照表（Liquiditätsbilainz）により判断され，決算日時点で履行期の到来している資産

および負債，それ以降の3週間の期間内に履行期が到来する資産および負債を対象とし，負債の合計を分母，資産の合計を分子として割り出す[104]。

　支払不能のおそれも，債務者による倒産手続開始の申出があるときは，開始原因となる（倒18条1項）。支払不能のおそれとは，現存する支払義務の履行期が到来したときに，債務者がそれを履行できない状態が予想されることをいう（同条2項）。これは，早期の開始手続により，危機的状況にある会社の事業再生の機会を本質的に改善するために，1994年倒産法により導入された[105]。支払不能のおそれは，財務計画書または財務状態から判断される。財務計画書には，将来の予測貸借対照表および予測損益計算書が必要とされ，当期と翌期の2年間から判断されることになる。支払不能のおそれは，事業の継続の見込みを独自に示してはいないが考慮しており，将来の支払の流れから示される支払不能のおそれは，抽象的な意味での継続の見込みにより否定されえないと解されている[106]。財務計画書の作成には，総額主義の原則（Bruttoprinzip）がとられ，履行期に関して収入と支出が証明されなければならない。判例および学説によると，支払不能のおそれは，履行できない状態の蓋然性が50％を超えることが基準と解されている[107]。

　法人においては，債務超過（Überschuldung）も倒産手続開始原因となる（倒19条1項）。債務超過とは，債務者の財産をもって現存する債務を弁済できない状態のことをいう。ただし，諸般の事情から事業の継続が確実であるときはこの限りではない（同条2項1文）。債務超過の判断は，倒産法制定に至るまで，清算価値に基づいて行われていたが，これを批判するさまざまな学説があった。特に，K. Schmidtは，まず清算価値に基づく債務超過の判断を行い，次に支払能力の予測に基づく事業の存続の可能性に関して予測し，事業の存続が認められるときは債務超過ではなく，存続が危ぶまれるときは債務超過と判断するという修正二段階検討説を唱えた[108]。このような過程を経て，倒産法では，債務超過の判断は財務計画書により行われ，清算価値による債務超過および事業の継続の見込みについて検討されることとされた。まず，当期，翌期における支払能力を検討し，事業の継続の見込みがあれば債務超過についての判断は必須ではなく，事業の継続の見込みが疑わしいときに債務超過について判断されて

いくという関係性に立っており，債務超過貸借対照表 (Überschuldungsbilanz) を作成し，判断を行うとされている。予測の意義の不明瞭さが問題となろうが，ともかく，倒産法は二段階検討の方法を導入している。

2 否認権行使に関する詐害性

(1) 概観

ここで，破産法上の否認から導かれる詐害性の意義について検討する。そして，詐害性の判断基準に関係する債権者平等の原則の位置づけについても確認する。債権者平等や債権者平等取扱いの原則は，倒産法上の概念であるが，組織再編法上の連帯責任のあり方においても配慮されており，他の領域に拡張されている。

従前の判例から，倒産法上の否認権の類型にかかる詐害性は，倒産債権者が否認しうる法律行為によって，客観的に害されたことが前提となっている。客観的な債権者への加害 (Gläubigerbenachteiligung) とは，連邦通常裁判所によると，倒産債務者の積極財産が，否認しうる法律行為によって縮小され (verkleinern)，債権者の満足の可能性がそれによって減少され (verkürzen, vermindern)，困難にされ (erschwern)，または遅延される (verzögern) 場合に，そして取り消しうる取引がないならば，債権者への弁済可能性が経済的観点からより有利になるであろう場合に，存在すると解されている。連邦通常裁判所は，加害とは，倒産債権者全体への客観的な加害を前提としており，否認された法律行為と債権者の掴取の減少の間に因果関係があること，否認された譲渡，売買，価値の放棄がなかったならば，債務者の財産から，倒産債権者はより有利に満足を得られるに違いないものであることを示している。

詐害性は，直接的な加害と間接的な加害に分類される。直接的な加害として，廉価売却がある。法的行為（およびこれにより引き起こされた経済的効果）が，債権者が債務者の財産を掴取する可能性を低下させた場合には，直接的な加害に該当する。間接的な加害とは，債務者の財産を売却した時点ではその対象物に同価値の反対給付がなされたが，その後の倒産手続開始の時点では費消され，特定の債権者の満足のために債務者が使用し，または隠匿することによっ

て、この対価がもはや存在しない場合のことをいう。売却した財産（例えば有価証券）の価値が、売却後に上昇することも、結果的に廉価で売却したものと同様に評価できるため、間接的な加害の基礎となるとされている。債務者が個々の財産を対応する反対給付なく手放し、これが行われた時点で、総債権者を満足させるのに十分となる財産を意のままにしている場合に、間接的な加害に該当すると解されている。垣内教授は、ドイツ法は、これらの加害の概念には、当該行為時の債務者の別の行為が介在することや、処分目的物の価額の事後的な高騰なども含まれうること、債務者の財産状態についても加害性の基礎となりうることを指摘している。

詐害性の概念は幅広いが、十分な担保のない債権者が満足を受けられるかを基準として考えられており、一部の倒産債権者は正当な倒産手続により十分な満足か担保を確保しているが、残りの倒産債権者は配当率がわずかであるような場合は、詐害性が存在すると解されている。ある倒産債権者が、否認されうる方法により利益を獲得し、破産財団不足がひき起こされ、債権者平等の原則から外れるような場合も存在する。この判断は、責任財産が問題のある法的行為の実行によってどのようになるのか、この法的行為が除去された場合の仮の資産状況と比較して確認される。否認の目的は、債権者が割り当てを受ける責任財産の維持であり、これは法的行為の取消し、債務者の財産状況と関係しうると解されている。その意味で、破産法上の否認は、実質的な意味の債権者平等を追求しているといえる。

(2) 本旨弁済および非本旨弁済

倒産法130条1項は、本旨弁済の否認について規定している。立法者は、支払不能のおそれも債務超過も、倒産前の法的行為の弁済否認の構成要素としての結合点ではないとしている。しかし、Tholeは、支払不能のおそれについては、倒産法18条が債務者のみに倒産手続開始決定の申立権限を付与し、債権者には権限がないことから理解されること、債務超過については、これを倒産法130条および131条から取り除くこと、そして、債務超過は否認権行使の相手方のために十分に評価し得ないものであり、弁済受領者の側に意味のある主観的

な要件となりえないと理解されることを示している[119]。

　倒産法131条1項は，非本旨弁済の否認について規定している。Thole は，立法者は倒産法131条1項により弁済否認を客観化したが，今日では弁済否認と債権者平等の原則の特別な関係が認識されていると指摘している[120]。倒産法131条1項3号は，倒産債権者を害することを否認の相手方が知っていたことについて規定しているが，Thole は，当該規定は，倒産しているという要件を欠いており，それゆえ債権者平等の原則によって説明できるものではないと考えられること，また倒産法131条の前身である旧破産法30条2号は，伝統的な歴史的典型に固執し，非本旨弁済のために否認の構成要件を組み入れていたが，支払停止または破産申立前10日以内における非本旨弁済は，債権者の平等取扱原則 (Grundsatz der Gleichbehandlung der Gläubiger) に帰するのではなく，体系的に故意否認に組み込むのが望ましいのではないかと指摘している。そして，この理解は，債権者平等の原則 (par conditio creditorum) および債権者の破産請求権が，支払停止により初めて効力をもち，それゆえ時間的に前方にある法的行為を捉えることができないという認識に基づいているという[121]。連邦通常裁判所は，支払停止および倒産開始申立前後の惹起された混雑状態を取り除くよう努め，本旨弁済と同様に，非本旨弁済の際にも，統一的な特別の破産否認の目的の規則を設定し[122]，弁済否認の目的は，今や統一的に債権者平等取扱の要請に認められている[123]。

(3) 破産債権者を直接に害する法律行為の否認

　倒産法132条1項は，倒産債権者を直接的に害する法律行為の否認について規定している。倒産法132条は，旧破産法30条および33条に対応している。直接的な加害は，手続開始時に，債務者の反対給付について完全な価値として破産財団に存在し，権利の喪失と釣り合いが取れている場合のほか，最初の等価値の反対給付が手続開始時にもはや存在せず，その価値が失われている場合も，存在しないと解される。このとき，確かに破産財団は減少しているが，倒産債権者は間接的に害されている[124]。ここでの直接的な加害は，例えば，債務者が物を法外に釣り上げられた価額で購入する場合や，実際の価値よりも安く売

却する場合が考えられる。価額が適切であるかは，市場関係から判断される[125]。経済的に危機的な状態にある債務者が，廉価売却をした場合には，債権者は否認権行使により保護される。倒産法132条の否認権行使の対象となる法律行為は抽象的であり，その基礎にある原因行為である処分行為や抽象的な義務は対象とはならないとされている[126]。

　倒産法132条2項は，特別な倒産否認の要件を規定している。当該規定は，同条1項と同様に，債権者を直接的に害する法律行為を否認するが，規律対象が異なり，間接的な加害についても認められる。倒産法は，132条2項の適用範囲を制限するため，否認しうる法的行為について，債務者が権利を失うか，もはやこれを主張できないもの，あるいは債務者に対する財産法上の請求権を保持するか，実現可能性があるものに限定している。倒産法の政府草案は，当該規定に関して何の手段もとらず，おそらく時の経過により，権利または権利行使の可能性を喪失するような場合には，規制は必要であると解していたが，Henckelは，債務者の不作為により間接的な権利の喪失があった場合には，これに該当しないと述べている[127]。

　倒産法132条も，弁済否認と同様に，債権者平等を考慮しているという理解が支配的である[128]。否認権行使の相手方は，他の債権者に対して，不当に利益を得たので，獲得した法的地位を放棄しなければならない。このことは，すでに旧破産法の立法者が明らかにしていた。支払不能後または破産申立後の法律行為については，破産者の契約相手方が，その状況を自己のために利用し，債権者に対して不誠実であるものであったとして，否認権の行使が認められると解されている。連邦通常裁判所は，倒産法132条1項が問題となる事件において，債権者平等取扱の原則に反するが，債権者に特別な利益を認めることは，これが債務者の事業に必要な弁済であるときは，債務者の事業継続に資すると示した[129]。すなわち，債権者平等を基本としながら，問題となっている事件の具体的な事案の概要を考慮に入れる取扱いがなされた。倒産法132条を，130条および131条と同様に，債権者平等の現れであり，優先原則に対して上位の位置にあること，債権者の競合に関して，否認権の規定は，同法130条ないし132条が債権者に相互配慮義務を課し，同法133条1項が債務者の特定の態様を拒否する

ことを確認する判例も存在する[130]。[131]これに対して，Thole は，倒産法132条が債権者平等の原則をもって否認の可能性について解釈することを正当化していない。倒産法132条1項の意義を債権者平等の現れだとすると，同法130条，131条とは異なり，当該規定がもっぱら債務者の法的取引を対象としている理由を説明できないことをその根拠としている。Thole は，倒産法132条1項は，責任財産の分配ではなく，倒産手続に先立って，財産の移動を問題としているのだと指摘している[132]。

　本稿の対象である詐害的会社分割や詐害的事業譲渡との関係において，当該規定による否認権行使で問題となる詐害性は，債権者平等ないし債権者平等取扱の原則という観点から，多かれ少なかれ検討されることになる。もっとも，倒産処理手続の結果としての配当率が問題となるのではなく，例えば，会社分割において，経済的に危機的状況にある分割会社が財産を廉価売却した等，財産の移動に着目し，分割会社の積極財産が減少していることについて詐害性を判断していくことになる。

(4)　故意による加害を理由とする否認

　倒産法133条1項は，故意による詐害行為の否認について規定している。債権者取消権法3条は，倒産法133条の規定と構成が合致し，当該規定の判断や解釈が援用されている[133]。倒産法133条は，債権者の平等取扱ではなく，満足の機会の平等を保護していると解されている[134]。

　倒産法133条は，旧破産法31条および41条に対応している。倒産法133条は，客観的要件として，債権者を害する法的行為があることを規定しているが，これは，間接的な加害でも足りる。倒産法133条は，主観的要件として，債権者を害する故意（Vorsatz）が必要であると規定しているが，旧破産法31条は，これを加害の意図（Absicht）と規定していた。もっとも，判例および学説上，旧破産法31条の加害の意図は故意と同義であると解されていたため，条文上の要件の内容に変更はない[135]。倒産法133条が規定する債権者を害する意思は，債務者の行動が債権者を害することを，債務者が知っているか，少なくともありうると考える場合に存在する。債務者が支払不能（のおそれ）を知っているときは

これに該当する。しかし，債務者が行為実行の際に，具体的な事情を根拠として，近いうちに総債権者が満足を得られることを示すときは該当しない。[136]

　Henckelは，債務者に必要とされる債権者を害する意思とは，現在の支払不能や破産財団不足を知っていることでは足りないが，債権者を害することを知っていることについての徴候はこれに該当するという。倒産法133条による否認権行使の相手方となる債務者は，加害自体に必然的に付随する結果として利益を得ているはずであり，それを望んでいると考えられようが，債務者は，倒産法174条の届出をせずに故意に債権の弁済をする場合，他の債権者を害するつもりはないと考えている余地もある。それゆえ，Henckelは，破産管財人が，債務者がその支払で他の債権者の満足を害する意図があることを立証しなければならないと説明している。[137] 破産管財人が債権者を害する意思を立証することは難しいが，判例上は，裁判官の自由心証主義に委ねられることとされている。[138] Ganter/ Weinlandは，債権者の満足を害する意思は限定的なもので十分であるという。すなわち，債務者が支払不能ではなく，または客観的に支払不能であることを知らず，真面目に履行したが，近いうちに総債権者が弁済を受けられないということを甘受しているならば，債権者を害する意思の前提となる認識の要素は十分であるという。[139]

　判例は，倒産法133条の故意は，未必の故意でも足りるとしている。すなわち，企業が債務超過であり，存続が難しいことは周知であったのに，債務者が単に金融の逼迫を克服するための短期貸付を継続し，企業再建のための見込みが十分ではないという場合には，債権者を害する意思は排除されうるものではないとして，債務者が債権者の不利益を知っていたという事実を否定することはできないことから，旧破産法31条において，未必の故意が存在すると示した。[140] 倒産法133条は，旧破産法31条を引き継ぎ，否認権行使の相手方が債務者の行為時に債務者の故意を認識していたことが要件となっている。

　否認権行使の相手方は，債務者の支払不能のおそれがあること，および債務者のその行為が債権者を害することを知っていた場合には，倒産法133条1項1文が規定する債務者が債権者を害する意図をもって法的行為を行ったであろうと推定されることになる。破産管財人は，否認権行使の相手方が，債務者の

支払不能のおそれがあること,および債務者の行為が債権者を害するものであることを知っていたと立証することになる。旧破産法31条にかかる判例の趣旨は,倒産法133条に承継されており,債権者の立証責任については,否認権行使の相手方は債務者が債権者を害することを知っていたとする強い状況証拠があると解されており,破産管財人の立証責任を軽減しているという[141]。

　Tholeは,倒産法133条が一般規定として解釈され,責任の構造を故意に侵害することについて制裁を加えるのであれば,債務者の法的行為に関する構成要件のメルクマールは不要となるであろうという。実際は,法的行為に,客観的にみて,債務者の主観的意思にかかわりなく特別のリスクが存在しているならば,倒産債務者の加害の意思に関係なく,債権者に危険が迫ることになると指摘している。そして,倒産法は,この理解を,否認権においてさまざまに考慮していると説明している。体系的に故意否認に属する贈与否認は,倒産法133条2項と同様に,特定の法律行為の特別な潜在的危険を考慮しているが,倒産法132条1項は,危機的状況における財産の減少を,債務者の損害惹起の意図に左右されず,取消可能であると整理している。倒産法133条の故意否認を,債権者を害する意図をもって行われた法的行為に拡張しうるかという問題について,Tholeは,倒産法133条の目的論的な拡張は,債権者取消権法3条をも対象とするのか判断しなければならないという問題が残るため,特に好ましいものではないであろうという。故意否認の拡張は,規範の評価が一致していることからは望ましいかもしれないが,一方で,否認権を首尾よく主張し,執行する債権者が,(否認可能な事象により明らかとなった)財政上の衰弱を認識して,その他の債権者に対して有利な立場を作り出したことを咎められるに違いないと解されている[142]。

　ドイツでは,会社分割は財産譲渡の一方式と理解されている。詐害的会社分割においては,倒産法132条1項は分割会社の積極財産が絶対的に減少している場合に適用され,相当対価処分であった場合に,間接的な加害が観察される時は,同条2項が適用されることになろう。倒産法133条は,いわゆる偏頗行為について問題としているが,詐害的会社分割については,よりよく当てはまると考えられる。

3 債権者平等

　以上の検討より，倒産法上の否認権の行使を検討する場合には詐害性の意義が問題となるが，詐害性は，否認権行使の相手方である債務者が行った法的行為ないし法律行為自体や認識のあり方が判断対象となり，倒産手続の結果としての弁済率の低下等を重視するものではないこと，詐害性の判断は，債権者平等を考慮して行われるといわれてきたが，その意味は否認権の類型によって変化があることがわかった。以下では，倒産法制における債権者平等の原則（par conditio creditorum）の捉えられ方について検討する。

　破産法上の否認は，債権者平等を考慮して構成されているといわれてきた。これに対して，Tholeは，債権者平等の原則とは，単に責任の実現の様態であり，集合的手続のなかで債権者の債権をまとめるものであるが，同等の者を同一に取り扱い，倒産手続や執行手続において責任財産についての衝突の決着をつけるものであるという。そして，債権者の平等取扱原則（Gleichbehandlungsgrundsatz）とは，手続の厳密な目的ではなく，倒産法1条における共同の満足は，無条件の均等な満足を意味していない。債権者平等の原則では，平等取扱の原則が破られることではなく，制限された範囲が問題となっていると説明している[143]。

　判例および学説は，否認権の行使とその根拠を詳細に区別することなく，否認は債権者平等に資するとしている[144]。

　かつての連邦通常裁判所は，債権者平等取扱の原則に関して，否認権の規定は，受益者の利益を法制度上衡量した結果であると示していた[145]。これによって，否認権は，倒産の目的と倒産法上の債権の集団化と関連づけられ，債権者平等取扱の原則は，十把一絡げに倒産法上の否認権の事案のために正当性があるとされた。そして，一般的な（債権者取消権法にも現れる）否認，すなわち故意否認や贈与否認（倒132条・133条）と，特別な（倒産法においてのみ現れる）否認，すなわち弁済否認（倒130条・131条）に分類し，このような形式的な分類について，それぞれの構成要件が債権者取消権法においても等価値であるのか問題となると考えられた[146]。今日，連邦通常裁判所は，特別な否認と一般の否認に，形式的な差異のみならず，価値の多様性を認めている。もし総債権者にとって，

債務者の財産から完全な弁済を受けられる見込みがないならば，債権者の満足は，その請求権の強制的な達成を総債権者の保護の後ろへと退くということを特別の倒産否認は示している。そして，倒産法130条ないし132条の否認は，債権者へ互いの配慮に関する義務を課していること，同法133条の故意否認については，故意にある債権者を他の債権者より優遇する権限は債務者になく，存在する義務について債権者らは等しい立場にあることを示し，債務者が債権者を原則的に同様の満足を受ける機会を侵害しないことで，債権者の利益を保護していると示している。[147]

　Tholeは，債権者平等取扱の原則を指摘することは，否認権行使による破産財団への補給と倒産法上の分配メカニズムの論理的で説得力のある関係を示唆しているが，そのようなものは存在しないと主張している。すなわち，否認権は，実際上の結果において債権者平等の原則に貢献している。割合的満足は，現に有効な倒産債権者の分配メカニズムを示している。そこには，破産財団の確保とそれにより促進される債権者平等取扱の間接的な結びつきが存在するにすぎない。そして，否認の構成要件を債権者平等の原則から捉えると，債権者取消権法上の取消権との類似性から，債権者取消権法3条および4条の取消権の優先主義との関係も問題となりうる。しかし，倒産法上の否認権と債権者取消権法上の取消権は，構成要件は類似しているが，保護目的は異なる。Tholeは，債権者平等取扱の原則は，倒産法上の否認の目的との類似性を提供しうるものだと述べている。[148]

　ドイツでは，債権者平等は，確かに倒産法上の否認権における詐害性の判断の基礎として存在しているが，それはあくまで間接的な判断材料とされていると考えられる。倒産法上の概念であった債権者平等は，倒産法上の否認と構成要件は類似しており，債権者取消権法の取消権にもあてはまると解される。しかし，適用の局面が異なるゆえの留意は必要である。わが国では，詐害的会社分割における詐害性について，債権者平等を考慮すると論じられることもあり，ドイツにおける議論に注意を払う必要があるといえる。

4　事業再生

　倒産法の考察から，詐害的会社分割や詐害的事業譲渡における詐害性の意義や，債権者平等が問題となる場合には，債権者平等の周辺事情として，分割会社や譲渡会社の行為態様等も含めた検討を行うことになると考えられる。このことは，会社分割や事業譲渡が，事業再生の一連のスキームのなかで行われ，それが詐害性を有していると考えられ，否認権行使の対象となりうる場合にもあてはまる。

　ドイツにおいても，事業再生が債権者を害する意思をもって企てられることはありうる。事業再生スキームが否認権行使の対象となりうるかという問題に関連して，Tholeは，事業再生と否認の調和に関する実際の問題は，事業再生の目的や倒産法による（制約された）認可にあるのではなく，個別の倒産前の法的取引における事業再生のねらいが，否認権の構成要件の前提を取り扱う際に考慮されるかという点にあると指摘している[149]。そして，事業再生の試みに関して，債権者を害する意思が，わずかなものであるならば，故意を排除することは適正であるという。根本的には，問題は，原則的な望ましい事業再生と事業再生の失敗と平行して現れるリスクの拮抗にある。事業再生の失敗は故意否認の基礎とはならず，反対に，事業再生は故意否認をアプリオリに排除しないと理解されている[150]。そうであるならば，客観的にみて，専門的に正当で準備されたものではない事業再生は，認識に関する故意の要素の問題に関して，徴表的な意味をもつはずであると考えられると述べる。そして，連邦通常裁判所は[151]，例えば非本旨弁済に際しては，単なる事業再生の期待では足りず，具体的な要件が必要であるとしており，すなわち，企業を救済することに実現見込みのある努力をし，総債権者が満足を得ることが，債務者に期待されることを示したことを指摘している[152]。

　事業再生スキームにおける債権者への加害は，該当する法的行為が事業再生の枠内でされたことによって，容易に排除されるものではなく，具体的な内容を勘案して判断されることになろう[153]。倒産法130条に関しては，後の債務者が事業再生を依頼し，この目的のためにその責任財産を移転する契約は，総債権

者がこれに同意する場合，その契約に記載された分配方法が，持分に応じ均等に総債権者の満足を規則通りに，経済的に是認するに足りる手続でなされる場合には，加害の意思を欠いており取り消されえない。それゆえ，もはや事業再生の見込みがないときには，契約を締結することは許されないことになると説明されている。倒産法131条における非本旨弁済の徴表的効果および支払不能のおそれを知っていることは，法的行為が取消権上憂慮する必要のない意思によりされている場合は考慮されず，事業再生において債権者を害する意思があるかについては，債務者の事業再生の努力によって総残余債権者が満足を受けることができるかにかかっているといわれている。

　倒産法132条に関しては，債務者が事業再生の目的で行なった法律行為による直接の加害は，履行の対価の客観的価値のみで判断されるのではなく，法律行為の行われた時点で，事業再生について成功の見込みがあるかで判断されるという。すなわち，事業再生の試みが進行するなかで，見込みがないことが明るみになった時は間接的な加害となり，倒産法132条により否認される可能性があることになる。

　倒産法133条に関しては，当該法的行為が事業再生のなかで行なわれたことによって，加害の故意が全般的に除外されることはなく，筋道の通った事業再生のコンセプトがあり，客観的に追求され，もっともな成功の予想が正当化される場合には，債務者の加害は欠いていると評価される。加害は，信託契約や事業再生契約の際に，実質的に規則通りに，そして経済的に正当に評価される手続において，債権者の均等な満足が予定されているときは，否定されることになる。また，事業再生の措置に関する弁済について，再生の見込みがある場合の本旨弁済は，倒産債権者により良い弁済を計画しており，倒産債権者を害さないことから，倒産法133条１項によって否認されないという見解もある。この見解は，弁済についてより悪化することになる総債権者が，計画に合意する場合は，債権者加害は起こらないと考えられることから導かれる。そして，客観的に事業再生の見込みがなく，事業再生が頓挫した際には債権者を害し，将来の倒産債権者に事業再生のリスクを故意に負わせることを債務者が認識している場合は，事業再生のための弁済またはこれに関連する弁済であっても否

認されうると唱えている。[158)]

　事業再生スキームはリスクが伴うものであり，当初事業再生が成功する見込みであったとしても，その後の事情変更によって，詐害性があると判断される余地がある。詐害性の判断時期について一貫しておらず，否認権を行使する債権者にとっては柔軟な判断がなされるといえるが，一方で判断基準として確立されておらず曖昧である。債権者平等を害することについては，事業再生の努力をしているか等の行為態様を含めて判断される。詐害性の問題が発生する可能性があるときには，事業再生の当事会社は，事業再生を成功させるために，総債権者の同意を得て，詐害性の問題を排除しておく必要があるといえる。

5　日本法への示唆

　わが国の破産法上の否認権および今般の債権法改正により新設された詐害行為取消権の特則は，ドイツの倒産法上の否認権と構造を異にしている部分もあるが，参考にしていると評価できる。それゆえ，ドイツの倒産法の検討から，さまざまな示唆が得られる。

　債権者平等の原則は，かつては否認権の行使における詐害性の判断基準とされていたが，現在では，基礎的な意味合いであり，あくまで間接的なものとなっている。そのうえで，詐害性の意義を債権者平等から捉える場合には，当事会社の認識のあり方等の行為態様を総合的に判断していくことになる。後述するように，わが国においても，破産法上の否認権の行使に関して，詐害性の意義の解釈は，さまざまに議論されている。

　ドイツでは，事業再生において債権者を害するおそれがあったとしても，当該債権者から同意を得ることによって問題とされなくなる。事業再生の当事会社が，詐害性を排除するために総債権者から同意を得ておくことは，事業再生を盤石に進めていくためには必要であるといえる。ドイツの倒産法からの示唆を受けるならば，詐害性について，債権者平等を一つの基準とする場合には，事業再生の局面では，さまざまな背景事情や当事会社の意図が存在するであろうが，債権者間の不平等が存在する他に，そういった考慮要素を含めて，破産法上の否認権行使の対象となるか，判断が行われることになると考えられる。

ドイツでは，事業再生スキームにおける当事会社の思惑や，事後的に事業再生の成功の見込みがなくなったことによって詐害性の存在がクローズアップされる等，不確定要素から詐害性が問題とされている。事業再生スキームにおける詐害性の判断は，画一的ではなく，相当に曖昧なものといえる。一方で，このことは，ドイツが事業再生により企業を存続させることを重要視していることの現れであるとも評価できるであろう。このような事後的な詐害性の判断は，わが国においては難しいと思われるが，興味深い視点を提供している。

V　債権者取消権法

1　概　観

　倒産法に次いで，平時の債権者保護規定としての債権者取消権法上の取消権について検討する。詐害性が認められない会社分割や事業譲渡とはどのようなものであるかを検討する際に，そのような組織再編に関する債権者保護や詐害性の判断基準は，平時と倒産時の法領域を通して分析されるのが望ましいと考えるからである。ここでは，当該規定と組織再編法上の債権者保護規定との関係性についても確認しておく。
　会社分割における分割会社の残存債権者の保護を個別に図る手法として，債権者取消権の行使も可能である。債権者取消権法は，債権者を詐害する債務者の法律行為は，倒産手続外において債権者取消権法の規定により取り消すことができると規定している（債1条1項）。そして，取り消しうる法律行為により債務者の財産から譲渡され，売却され，または放棄されるものは，債権者の満足に必要な限り，債権者に，任意に処分させなければならないと規定している（債11条1項）。当該規定の性質について，債務者から取消の相手方に与えられた目的物が債務者の財産に属しているものとして，取消債権者が強制執行の対象とすることを認容しなければならないとする見解がある。しかし，通説は，実務上，債権説が果たしてきた役割を重視する[159]。すなわち，債権者取消権法による効果は，相対的無効である。旧債権者取消権法は，債権者が受益者に対し

て，逸出財産をなお債務者の財産に属するものとして返還を請求することができると規定していたが（旧債7条），債権者取消権法は，原状回復すなわち現物返還を原則的として，価額賠償を二次的に認めるものであり，これらは選択的ではなく，価額賠償は補助的なものであり，現物返還が法的もしくは事実上不可能な場合にのみ許されると解されている[160]。組織再編法の制定により，債権者取消権法上の取消権の行使と同様の効果は組織再編法133条による連帯責任によって達成できることから，当該規定の存在意義はほぼないとする見解は存在するが[161]，上記の倒産法における議論にもあるように，適用される局面が異なることや，債務者がその財産を他者に譲渡した物を，債権者が執行掴取できるように戻すという効果を得るために，取消権を適用する余地はあると考えられる。

2 債権者取消権行使に関する詐害性

債権者取消権法3条は，債務者が取消前10年以内にその債権者を害する故意（Vorsatz）をもってした法的行為は，相手方（受益者andere Teil）がその行為の時点で，債務者の故意を知っていた場合，取消が認められること（債3条1項1文），相手方が債務者の支払不能のおそれがあることおよびその行為が債権者に不利益を与えることを知っていた場合には，債務者の故意を知っていたものと推定されることを規定している（同項2文）。転得者（権利承継者Rechtsnachfolger）についても，前権利者の取得について取消原因があることを知っている場合には，取消が認められる[162]。法的行為が相手方に担保の提供または弁済をすること，そしてこれが可能であるときは，債権者取消権法3条1項1文の期間は4年とすること（同条2項），これが請求可能なときは，債務者は支払不能のおそれがある状態となること（同条3項1文），相手方が債務者と支払の申し合わせを行い，あるいはその他の方法で支払軽減を選択したときは，相手方は，債務者の支払不能をその行為の当時知らなかったと推定すること（同項2文）とされている[163]。

取消の対象は，間接的な加害も含み，親密な関係者との行為では，直接行為の時に詐害の生ずるもの，詐害意思による行為では，間接的に口頭弁論終結時までに詐害の生ずるものもこれに該当する。適正な対価をもってした債務者の財産譲渡も，それが後に債権者の追及から逃れる場合には，取消の対象となり

うる。[164]

　債権者取消権法上の故意は，ドイツ民法276条の解釈と同様に，正当ではない結果についての認識や意欲と同様に捉えられ，未必の故意でも足りる。ある特定の行為により債権者を害することを債務者が認識しており，その結果を達成する意欲をもって行為することがあればよいと解されている。[165] Kirchhofは，債務者の経済的資金で，完全に時期に適った形で総債権者に弁済することを債務者が確信しているときは，個々の債権者が他の債権者よりも早く弁済を確保したとしても，受益の意図は加害の意思に含まない。しかし，他の債権者に損失を与えて利益を得たことを債務者が知っている時や，極めて廉価であることを甘受する時は，詐害性の構成要件に該当すると解されるという。そして，債務者が，支払不能のおそれがあることを認識しながら，債務者が不利にならないよう強制処分を妨げるため，債権者を有利に扱うときは，債権者を害する意思があると唱えている。[166]

　債権者取消権法3条は，倒産法133条の規定と構造の評価が一致しており，倒産法の詐害性の判断基準や解釈を援用できると考えられる。それゆえ，支払不能のおそれに関しても，倒産法133条1項と同様に解される。[167] 債権者取消権法上の故意の内容としての認識や意欲は，倒産法133条が規定する債権者を故意に加害することと比較されることになるが，倒産法ほどの強い意味をもつかどうかは検討の余地があるだろう。

3　否認権および債権者取消権の調整

　債権者取消権法上の取消は，個別の財産の一部を掴み，個別の債権者の満足を得ようとするものであり，倒産法上の否認は，破産財団を補充し債権者全体に資するものである。債権者取消権法には，優先主義が該当するが，倒産手続開始後は，債権者平等の原則のみが適合し，優先主義は除かれる。

　債権者取消権法上の取消権行使の要件は，同法が倒産法と平仄を合わせて改正されたという経緯から，倒産法と類似するところが多い。Tholeは，倒産法上の否認と債権者取消権法上の個別の取消は，法的効果の内容が根本的に異ならないにもかかわらず，両規制の複雑性は，否認しうる法的行為の巻戻処理や

原状回復の説明を難しくしており，個々に異なる目的志向を有することを否定する理由はないと述べる。そして，倒産法上の否認権は，目的論的に互換性のある規制の融合物ではないと述べ，この前提として，倒産法と債権者取消権法の類似性や調和について検討している。[168]

Tholeによると，故意否認や贈与否認は，債権者取消権法3条および4条と，構成要件が対応する倒産法133条および134条の評価の競合を示している。そして，債権者取消権法上の取消権は，倒産手続開始の際に法定の承継の方法で破産管財人へ移行するか，または倒産開始に入った際に完全に消滅し倒産法上の否認権が新しく生み出されるのかということが問題なったが，判例および通説は，倒産手続終了を解除条件として，倒産手続開始によって，個別の債権者取消権請求は消滅すると解している。[169] そして，上記のとおり，両法の規定の構成要件が類似していることは，偶然や見落としではなく，基礎となっている目的に同一性があることに起因していると説明している。[170] もっとも，手続面では，債権者取消権法上の取消権と倒産法上の否認権は別物として捉えられるべきものであろう。

債権者取消権法は，平時において，債務者の加害の意思を緩やかに捉え，取消が認められた場合には，一次的に現物返還，現物返還が不可能な場合にのみ二次的に価額賠償を認め，さらに同法が執行制度と密接な関係にあることから，債権者取消権法と倒産法の棲み分けがなされていると理解できる。

4　日本法への示唆

ドイツの債権者取消権法上の取消権と倒産法上の否認権は，平仄を合わせて改正が行われ，両規定の要件は調整されている。これは，わが国における債権法改正による詐害行為取消権の特則の新設のあり方と親和性がある。

ドイツの債権者取消権法上の取消権は，故意の内容がやや広いように思われるが，倒産法133条の否認権の要件とほぼ同様に解されている。そして，倒産手続開始を基準として棲み分けがなされている。債権者取消権法上の取消権と，破産法上の否認権の適用のあり方は，わが国における取扱いについて，参考になると思われる。

VI　商　法──商号続用責任規定

1　概　観

　本節では，商法上の商号続用責任を取りあげる。ドイツの事業譲渡に関する規定である商号続用責任は，わが国における同一の規定の母法であり，事業譲渡のみならず会社分割に類推適用される事案が多くみられ，債権者保護規定として重要な位置を占めている。この検討から，債権者保護規定は事業継続を重視する傾向にあることを確認する。

　商法は，事業承継者は，従前の商号の使用を継続する場合は，承継関係の表示の如何にかかわらず，従前の事業主のなした事業において生じた一切の債務について責任を負うと規定している（商25条1項1文）。事業譲渡における債権者保護について，事業継続と商号続用を要件として，譲受会社の商号続用責任が追及される。[171] 譲渡会社が明示的に商号の継続使用に同意をしていた場合は，その事業に起因する債務は，債務者に対しては承継会社等に移転されたものとみなされるが（同項2文），これと異なる合意をするときは，商業登記簿に登記および公告された場合か，承継会社等または譲渡会社が第三者に通知した場合には，第三者に対して効力を有する（同条2項）。この要件に該当する場合には，商号続用責任規定が適用されてきたが，組織再編法133条の連帯責任規定の登場に関連して，両規定の連帯責任が併存することになり，これらの関係性が問題となった。[172]

　通説および判例は，商号続用が，商法25条1項による責任追及に必要不可欠な前提であるとしてきたが，[173] 商号続用と責任の結びつきをどのように解釈するかについて，商号続用よりも事業継続を重視する方向の学説や判例が登場している。以下では，学説の状況を敷衍したうえで，[174] 組織再編法制定後における商法25条以下の商号続用責任規定の存在意義について検討する。

2 学説および判例

(1) 学　説

まず登場したのは，商号続用の下における営業続行という事実のなかに，譲受人が，債権者に対して，従前の営業債務について責任を負うという意思表示があるとする意思表示説（Erklärungstheorie）である。この学説の代表的論者であるSäckerは，営業取得者による商号続用に，社会典型的，取引典型的に旧債権者への論理的な債務引受申込を認めるべきであり，大部分の営業承継契約において，営業の譲渡人と営業取得者の間で商号続用と履行引受が合意されていると主張した。そして，債権者は，社会典型的，取引典型的に，正当に商号続用から旧債務につき責任を負うという営業取得者の意思を推論することができ，このような典型的で社会的な行動は，強行的な解釈規定により固定されるとした[175]。意思表示説に対しては，譲受人が，意思を表明していないにもかかわらず，商法25条1項により責任を負うことになり，譲受人の意思の擬制を許容しなければならないことに批判がある[176]。

次に，商号続用は，譲受人は譲渡人の旧債務について引き受ける用意があるという外観を与えるという権利外観説（Rechtsscheintheorie）が現れた。この学説によると，譲受人は，商法25条1項により，外観を信頼した旧債権者に対して責任を負うことになる[177]。権利外観説が通説であり，判例もこの学説に立っているといわれてきた[178]。権利外観説に対しては，営業の所持人の変更がなく同一性が保たれているか[179]，譲受人が譲渡人の債務履行の義務を負っているかについて，どこで権利外観を判断されるのか不明確であることに批判がある[180]。

商法25条1項1文は，外観の信頼という構成要件を含んでいないため，商号続用のなかに相応した権利外観の形成を認めなければならない。当該規定をそのように説明することは，法政策的な観点から，疑問があるのは明らかだと解されている[181]。さらに，譲渡会社が破産状態にあるときに，事業再建を目的として事業譲渡や商号続用がされることを責任引受の外観と解釈することは不合理であり，そのような場合には信頼の対象が欠けているとも指摘されている[182]。このことについて，西内准教授は，合理的な債権者からすれば，譲受人が責任を

引き継いでほしいという願望や期待は生じても，自らが同じ譲受人の立場に立てば，破綻状態の営業に関する法律関係をそのまま引き継ぐとは考えないはずであり，その意味で，商号続用による営業の継続は，債務引受けの意思を表した行為であると解釈することには無理があると指摘している。[183]

次に，商法25条1項における商号続用のメルクマールとは異なり，財産の承継における責任に法的根拠を見出す責任基金説（Haftungsfondstheorie）が唱えられた。[184] この学説は，財産引受について規定していた民法419条から導かれていた。民法419条は，契約により他人の財産を引き受けた者は，その他人の債権者の債務者の責任の存続を妨げず，その契約締結後は，締結時に存続する自己の請求権を引受人に対しても主張することができること（同条1項），引受人の責任は，引き受けた財産の現在高およびその契約に基づき引受人に属する請求権に限ることを規定していた（同条2項）。民法419条は，利益衡量の問題や，債務を含む財産の取得を根拠として債務まで引き受けさせるのは法的に正当化できないことが理由とされて，1999年に削除された。責任基金説は，民法419条と異なり，商法25条1項は承継財産に制限を設けていないこと，商号続用を要件としていることから批判されている。[185]

そして，上記の学説の困難性を克服するものとして，K.Schmidtにより，責任継続性説が唱えられた。この学説は，商法25条は，法的主体が変更した際に，企業の債務および法的関係も法的主体に分配しようとするものである。[186] 責任継続性説は，商法25条1項1文は責任継続性について規定しているとして，その根拠を商号続用ではなく，事業継続に求めている。商号続用は，事業が同一性を保ったまま他の法的主体に移動したことの外部的徴表であって，それにより事業継続に関する調査が不要となるにすぎないと位置づけられている。[187] K.Schmidtによれば，契約関係全体が事業の譲受人に譲渡され，事業の譲受人が主たる債務者になる。そして，このように企業の債務を継続させることは法政策的な基礎として強調されるべきであるとする。[188] 加えて，商法25条2項は，債務者との合意によらずに債務や契約関係から逃れることを認めるものであるから，法体系的・法政策的に受け入れられないとして，立法論として削除を提案している。[189]

責任継続性説は，事業の譲受人の責任の根拠として事業継続を考慮することには商法25条1項1文が商号続用を要件としていることと齟齬があり，解釈上の問題があると批判されてきた[190]。これに対しては，事業継続を根拠とすることの法政策的な長所は明白であると反論しており，その反論内容には疑問もあるが，譲受人の責任に関する根拠として事業継続を考慮すること自体は首肯できる[191]。K.Schmidtが事業を実質的に契約当事者であるとする見解をとるのは，その背後の法的主体の変動が，事業を起点とした対外的な関係に影響を与えることのないよう処理するためのものである[192]。

各学説はそれぞれに克服しがたい問題を有しているが，学説の流れは，商号続用責任の構成要件として，商号続用には留意しつつも事業継続を重視する方向にあると理解できる。

(2) 判　例

学説上は，権利外観説が通説として理解されているが，責任継続性説が存在感を増していることがわかった。判例も，同様に事業継続を重視する傾向を示している。

連邦通常裁判所は，商法25条1項1文は，事業譲渡により譲受会社は譲渡会社の従前の商号で事業を継続することを前提としているが，譲受会社に責任を負わせるために決定的なことは事業継続性であり，商号続用は事業継続の外部的徴表にすぎず，商号続用は譲渡会社と譲受会社の商号の一致が問題ではないこと，法的主体が変更したがなお商号続用があり，両会社を同一視するかという点が問題となることを示した[193)194]。その後の判例においても，責任継続性という法的効果を事業継続性に結び付け，これは従前の商号の続用により対外的に現れるのであり，責任継続性は商号続用ではなく，事業継続から生じることが示された[195]。判例は，会社分割による事業と分割会社の商号の一部の承継，他の商号への変更，破産，新しく創設された会社で事業を継続（新会社の商号には，分割会社の商号の一部が使用されている）という事案においても，これは商号続用や商号同一性から判断されるのではなく，事業が実際上どのような表示で市場に登場しているかが重要であるとして，商法25条1項の責任を妨げるものではな

いことを示した。[196] 判例は，実質的な事業継続性に着目しているといえる。[197] なお，新旧商号が取引の同一性を保つものであり，字句の完全な一致ではなくとも，商号の重要な部分に類似性があればよいとされていることには問題がないとされている。[198]

以上から，連邦通常裁判所は，商号続用は事業承継人の責任を追及する場合の要素ではあるが，あくまでも主要な要素は事業継続であり，それは事業継続を示す単なる外部的な徴表にすぎないと考えていることがわかる。[199][200] 学説，判例とも，理論的整合性よりも，実質面から現実の債権者保護を重視する方向にあると解される。

3　組織再編法上の連帯責任との関係

商号続用責任は事業承継者に対して連帯責任を課すものであることから，組織再編法133条の連帯責任との関係性が問題となる。組織再編法133条１項は，商法25条および関連する26条，28条の適用を妨げないと規定しており，これらは併存している。商法25条１項は，商号続用責任は，事業継続について判断し，商号続用は二次的な判断対象にすぎないと解される。このことは，学説上，組織再編法133条においてもあてはまると解されている。[201] 組織再編法133条１項は，会社分割において商号続用がある場合に，会社分割の効力発生前の既存の債務を割り当てられなかった会社分割当事会社について，５年を経過すると責任を負う必要はないという期限を設けているが，既存の債務を割り当てられた会社と分割会社の連帯責任の内容に制限はない。商法25条１項の商号続用責任は，従前の譲渡会社の責任には５年の期限をつけているが，譲受会社には期限の定めはない。責任免除に関しては，商法25条は組織再編法133条１項に影響を及ぼさないと理解できる。

組織再編法133条は，会社分割における商号続用責任について，商法25条の議論を手つかずのままにしたという評価もされることがある。[202] 両規定の保護の関係性について，承継会社等に連帯債務を負わせて，債権者にその事業財産を掴取することを認めるものであること，商法25条１項の責任の構成要件は組織再編法上の実状に適合するものであり，承継会社等が分割会社の商号を続用し

ない場合でも，責任を負うことが導かれると唱える見解もある[203]。この見解は，上記の連邦通常裁判所の判例が，K.Schmidtの見解に沿って事業継続の重視を前提にしているとするならば導かれうるだろうが，判例がそのような踏み込んだ判断をしているとまでは解釈しづらい。

組織再編法133条1項は，分割会社に期限のない連帯責任を負わせており，商法25条1項の法的効果を包摂することになる。このことから，両規定の競合や存在意義が問われることになると考えられる[204]。

この規定の競合について，組織再編法制定前から，商法25条は不要であるとの議論が行われてきた。Canarisは，K.Schmidtの責任継続性説によると，商法25条の商号続用責任は法政策的に見当違いの結果を導くと唱える。すなわち，商法25条は，旧債権者にとって，無価値だった債権について事業譲渡の承継会社等が責任を負うという偶然の贈り物のようになるのではないか，財団不足の企業の事業再生（Sanierung angeschlagener Unternehmen）を妨げるのではないか，という点を危惧している。そして，承継会社等の責任について，旧債権者の正当な利益は，商法25条1項から説明されているが，病的な事案，特に承継会社等が旧債務の責任を承継せず，事業譲渡の際に支払能力を欠いており，償還を請求できないという場合があったとして，それを考慮するのであれば，当事者は正常な事案において，通常は法体系の援助がなくとも分別のある解決に達するだろうと主張している[205]。反対に，承継会社等の責任は，譲渡会社に対する債権を事業譲渡後に性急に実現しなければならないことから債権者を保護するものであり，すなわち，事業譲渡の局面において，事業の継続性が安定的であることを証明し，事業譲渡の法的安定性を保障するものであるという主張を展開して，Canarisを批判する見解がある[206]。

組織再編法の参事官草案の段階では，商法25条に関する連帯責任の規定はなかったが，最終的に組織再編法133条に取り入れられた。Canarisは，商法25条以下の廃止を求め[207]，債権者保護の手法として，組織再編法上の連帯責任のほか，倒産法上の否認権および債権者取消権法上の取消権を示している。そして，法律行為上の包括承継は，簡易化された現物出資そのものであることから，組織再編法が，この企業法上の概念と調和されるものであるならば，同法

133条の責任規定は，商法25条以下から生じる責任を手つかずのままにしておくという条件付きで理解されうると唱えている[208]。

これに対して，K.Schmidtは，組織再編法が規定する合併や会社分割等の手法が，事業譲渡を欠いているならば，組織再編法上の規定をもって説明できるであろうと述べる。そして，事業譲渡があるならば，商法25条以下が加えて効力をもつが，この規定は倒産法上の否認権および債権者取消権法上の取消権を不要としない。なぜなら，それは，債権者に対する譲受会社の直接責任にも，ましてや全ての法的関係を譲受会社へ受け継ぐことにも基礎づけられえないからであると説明している[209]。K.Schmidtは，企業法において，企業の債務に関する法的主体の責任は，偶然ではなく原則であると主張してきたが[210]，商法25条については，これを廃止するのではなく，本人の唱える責任継続性説の観点から，商号続用責任の構成要件である商号続用の必要性を放棄すること，同条2項を抹消し，責任を強制的なものとすること，責任規定を全ての法的主体へと拡張すること，といった修正を提案している[211]。

以上のように，商号続用責任について，商法25条が事業譲渡の譲受会社および譲渡会社が連帯責任を負うことを規定し，同法26条が，譲受会社が責任を負う場合には譲渡会社について責任の期間が付くと規定していることは，Canarisが唱えるように商号続用に関する事例について債権者保護が厚くなりすぎるという問題があり，事業再生のあり方について慎重に考察されている点も首肯できる。Canarisに反対する説は，商号続用責任のあり方に立ち返って連帯責任の正当性を唱えているが，両説の商号続用責任の性質の捉え方が根本的に異なるため，両説は議論の段階そのものも異なっていると考えられる。

4　日本法への示唆

本節の検討は，平成26年改正会社法による詐害的事業譲渡に関する新設規定（会23条の2）と従前からの商号続用責任規定（会22条）との関係について，興味深い示唆をもたらすものである。

ドイツでも，組織再編法の立法過程において，会社分割当事会社の連帯責任規定（組133条）と従前からの商号続用責任規定（商25条）との関係が議論されて

いた。注目したいのは，判例および学説は，商号続用責任の要件について，商号の一部が続用されていればよく，商号続用の要件は厳格ではなくなり，事業継続を重視して責任追及し，実質的な債権者保護を図っていることと，商号続用責任規定によると過大に債権者を保護することになり，ひいては事業再生の妨げになるという危惧があるため，商号続用責任規定を廃止するべきであると唱える学説の存在である。

　ドイツでは，組織再編法上の連帯責任により，事業継続に着目した責任追及は十分に図られるため，商法25条の商号続用責任規定が削除される可能性も検討の余地がある。ドイツ法の検討の結果によると，わが国において，経営が危機的状況にある会社が事業再生の一環で事業譲渡を行い，これが詐害的であるとして譲渡会社の債権者保護が問題となる場合には，新設された詐害的事業譲渡の規定による責任追及で十分に目的が達成される。従前からの商号続用責任規定は，合名会社の新入社員と同じ責任の内容であり，過度に重いものであるから，当該規定を廃止すべきであるとの考え方も成り立つ。わが国で問題となっている商号続用を伴う詐害的事業譲渡や詐害的会社分割における債権者は，会社法22条1項ではなく同法23条の2によって解決し，そのなかで事業継続が重視されると考えることもできよう。

Ⅶ　組織再編に係る決議の効力を争う訴え

1　概　観

　ここまで，組織再編法，倒産法，債権者取消権法，および商法上の詐害的会社分割や詐害的事業譲渡における債権者保護規定について検討し各法領域を通して，事業継続や事業再生の促進を念頭に，さまざまな調整を行おうとしてきたことが明らかになった。本節では，ドイツが事業継続を重視していることを，株式法上の組織再編に係る決議の効力を争う訴えを取りあげて，改めて確認する。

　わが国の会社法上は，債権者は組織再編無効の訴えの原告適格を有している

ため，当該訴えの提起による債権者保護が可能となっている。しかし，ドイツ法には，組織再編無効の訴えに関する規定がないことに留意しなければならない。組織再編の効力に関する訴えとして，株主総会決議取消しの訴えおよび決議無効確認の訴えが存在するが，株主保護の観点からの規定であり，直接的な債権者保護を目的とはしていない。これらの組織再編に係る決議の効力を争う訴えは，わが国における組織再編行為等の差止請求規定に類似するものと位置づけられ，ドイツの事前の対処とわが国の事後の対処という差異も看過することはできない。

ドイツの組織再編法制は，事業継続を重視して設計され，それが詐害性の判断基準に影響を及ぼしていると考えられる。以下では，ドイツの組織再編に係る決議の効力を争う訴えが，組織再編の存続保護，事業継続を重視して制度設計されていることについて，当該規定の目的から検討する。

組織再編法上，会社分割の効力は，承継会社等の本拠地の登記簿に登記された後，分割会社の本拠地の登記簿に登記をすることによって発生する（組130条1項）。公証人が作成した証書に瑕疵があった場合は，会社分割の登記によって治癒される（組131条1項）。それ以外に会社分割の瑕疵は，会社分割の登記によって治癒されないが，会社分割の登記の効力に影響を及ぼさないと規定されている（同条2項）。会社分割の当事会社の代表者は，登記の申請をしなければならない（組16条1項・125条）[212]。その際，会社分割の承認に係る株主総会の決議の効力を争う訴えが提起されていないこと，期限内に提起されていないこと，またはそのような訴えが確定的に棄却されたか取り消されたことを宣言し，登記裁判所に通知しなければならない。これがない場合は，登記をすることができない。ただし，提訴権限を有する株主が公証人の認証のある表示によって決議の効力を争う訴えを放棄するときは，登記は妨げられない（組16条2項）。総会決議の効力を争う訴えが提起された後，受訴裁判所が，当該訴えの提起が総会決議に係る登記を妨げないことを確定力のある決定をもって示した時も同様である（同条3項1文）。総会決議の効力を争う訴えが理由あるものであると判明するときは，その決定を求めた当事会社は，相手方当事会社に対して，決定に基づいて登記により生じた損害の賠償請求をすることができる。しかし，そ

の損害賠償として，承継会社等の本拠地の登記簿における登記の効力を排除するよう要求することはできない(同条3項10文)。

ドイツの組織再編法は，登記に係る株主総会の決議が法に違反していたとしても，いったん登記されると登記の効力は解消されないことを規定している。これは，立法者が会社法上の行為をできるだけ維持するという一般的傾向にあることから，会社分割等の組織再編についても，実行後にそれらを遡及的に清算するということはもはや不可能であり，瑕疵があったとしても過去および将来にわたって包括的に存続を保護する必要があると考えていることから，登記に重要な意味をもたせていると理解される。[213]

組織再編に係る株主総会決議の効力を争う訴えが提起されると，登記をすることができなくなるため，当該訴えは実質的に事前の差止制度として働いている。会社分割に係る株主総会の決議に異議のある当事会社の株主は，株式法上，決議無効確認の訴え(Nichtigkeitsklage)または決議取消しの訴え(Anfechtungsklage)を提起することができる(株241条以下)。[214]会社分割に係る株主総会決議の効力を争う訴えの提訴期間は，組織再編行為を早期に確定させる趣旨から，決議の日より1ヶ月とされている(組14条1項)。

組織再編に係る決議の効力を争う訴えが提起されたことによって登記が禁止されることを，登記の遮断効(Registersperre)という。組織再編法は，当該訴えをあえて提起し，組織再編の実現を中断させるという濫用的な訴訟提起を防止するための規定を置いている。すなわち，当該訴えの受訴裁判所に対する被告会社の申立てに基づき，訴えの提起が登記を妨げるものではない場合，当該訴えが不当もしくは理由がないことが明白である等の場合には，会社分割の即時の効力発生と，訴えにより主張された法令違反の重大さを勘案して，申立会社が立証した会社分割の当事会社およびその持分所有者に対する重大な不利益を回避するために優位すると思料される場合にのみ，決定により登記停止の解除がなされることも規定している(組16条3項)。

組織再編法は，登記に確定的な効力をもたせることで組織再編の存続を保護するが，これによって生じる損害は，役員に対する損害賠償請求によって調整している。会社分割においては，分割会社，分割会社の株主，債権者が被った

損害について，分割会社の取締役は，監査役が存在する場合は監査役と連帯して損害を賠償する責任を負う[215]。

2 組織再編の存続保護

会社分割の登記後は，会社分割の効力が解消されることはなく，会社分割に係る契約や株主総会決議のような個々の行為としても，会社分割全体としても手続上の瑕疵が治癒されることはない（組20条2項・131条2項）。立法担当者が，手続に瑕疵が存在していたとしても登記の効力を排除することはできない（組16条）と考えたことに対する批判も存在する。

Engelmeyerは，立法担当者が，登記された瑕疵のある会社分割が，過去も将来も絶対的な存続保護の下にあると解していることを批判している。当該規定は立法担当者の誤りであり，会社分割を経済的に解消することは排除されるものではないことを強調する[216]。当該規定の存続保護は，会社分割登記により発生した効力を変更できないというものではなく，将来における会社分割の解消を妨げるものではないと唱えている[217]。K.Schmidtも，個別事例の内容に応じて，組織再編の解消は可能であるという[218]。Veilは，立法担当者が組織再編の類型を区別せずに包括的に存続を保護していることに疑問を唱えている。すなわち，他の企業との合併は，シナジー効果を期待してなされるものであるが，経済的な解消により合併前の状態へ戻すことは，合併後短期間の間にもはや困難になる。しかし，会社分割のうち分離分割の場合は分割会社の財産が承継会社へと分離するが，財産の分離は内在的であり，分割会社の同一性は変化せず，譲渡された財産は区別して認識できるため，会社分割の解消を阻害する原因とはならないという。そして，立法者が合併の規定を会社分割に準用し，統一的に解していることを批判している[219]。組織再編法の立法過程において提案されていた債権者保護のための財産の分離管理の発想からは，これらの見解は首肯できるのであろう。

組織再編法の立法担当者の見解は，財産移動に拘束力をもたせている[220]。ドイツの組織再編に係る決議の効力を争う訴えに関する諸規定は，組織再編の存続保護，事業継続を重視しており，わが国のような事後的な組織再編無効の訴え

の規定を有していない。組織再編に係る総会決議の効力を争う訴えを提起することにより，事実上の事前の差止めが可能であることからすれば，立法者に対する上記の批判は妥当しないと考えられる。登記後は，組織再編の存続が保護され，組織再編の解消や民法249条1項に基づく原状回復を請求できないことを前提としたうえで，組織再編に係る総会決議の瑕疵について役員に対する損害賠償請求による填補が規定されている[221]。組織再編の瑕疵については，その治癒の如何ではなく，当該決議の効力を争う訴えの機能や，役員に対する損害賠償請求の実効性が問題となるのである。

3　日本法への示唆

　ドイツの組織再編に係る決議の効力を争う訴えは，直接的に日本法の参考とはしづらい。しかし，当該訴えが組織再編の存続保護，事業継続を重視していることは，判例上，わが国の組織再編無効の訴えが認められにくい傾向にあることの根拠と同様に捉えられる。

　ドイツでは，組織再編の存続保護に反対する見解が見受けられる。合併の場合には経済的な解消によって合併前の状態へ戻すことは難しいが，物的分割である分離分割の場合には，可能であるとする学説もある。この学説の背景には，ドイツ普通商法典上，合併の局面において，消滅会社の債権者が弁済を得るまでの間，消滅会社と存続会社の資産は分離して管理すると規定されていたこと，その後の組織再編法の立法過程において財産の分離管理の必要性について議論されたことが影響しているのではないかと考えられる。

　確かに，財産の分離管理が行われているという条件の下では，会社分割の事後的な解消も可能といえよう。しかし，もともと財産の分離管理は合併の局面において行われてきたことであったが，今日の学説は，合併後短期間の間に，経済的な解消により合併前の状態へ戻すことは困難であると解しており，財産が分離管理できず混合してしまう場合には経済的な解消が難しいことを示している。日本には財産の分離管理のような前提は存在しないため，会社分割においては，事後的な財産分離は難しいと考えられる。

[注]
1) 竹下守夫監修『破産法比較条文の研究』(信山社, 2014年) 472頁〔上原敏夫〕。
2) Heribert Heckschen, Umwandlungsrecht und Insolvenz, in: Franz Wassermeyer, Dieter Mayer, Norbert Rieger (Hrsg), Umwandlungen im Zivil- und Steuerrecht, Festschrift für Siegfired Widmann zum 65. Geburtstag, 2000, S.37.
3) Gesetzentwurf der Bundesregierung, Entwurf eines Gesetzes zur weiteren Erleicheterung der Sanierung von Unternehmen, BT-Drucks. 17/ 5712, S.17. ESUGについて，水元宏典「ESUGによるドイツ倒産法の改正とドイツ法からみた私的整理の多数決化」山本克己＝笠井正俊＝山田文編『民事手続法の現代的課題と理論的解明　徳田和幸先生古稀祝賀論文集』(弘文堂，2017年) 851頁以下が詳しい。
4) Gesetzentwurf der Fraktionen der CDU/CSU und F.D.P., Entwurf eines Gesetzes zur Bereinigung des Umwandlungsrechts (UmwBerG), BT-Drucks. 12/6699, S.71.
5) 人的分割については，分割会社の株主が承継会社等の持分の割当を直接受けることができなかったため，複雑な手段によってなされていた。会社分割は，合併の鏡像であるといわれていた (Vgl. Arndt Teichmann, Die Spaltung von Rechtsträgern als Akt der Vermögensübertragung, ZGR 1993, 396.)。
6) ドイツ組織再編法制定以前の会社分割の態様について，周田憲二「西ドイツにおける株式会社の分割」広島法学12巻3号101頁 (1989年)，吉田正之「西ドイツにおける会社分割をめぐる法状況」一橋論叢101巻1号96頁 (1989年) が詳細に紹介している。
7) Bruno Kropff, Über die Ausgliederung, in: von Kurt Ballerstedt und Wolfgang Hefermehl (Hrsg.), Festschrift für Ernst Gessler, 1971, S.125f.
8) BT-Drucks. 12/6699, S.74, Thomas Raiser/ Rüdiger Veil, Recht der Kapitalgesellschaften, 6. Aufl., 2015, § 67 Rn.11ff.
9) ドイツ組織再編法における会社分割の手続について，高橋英治『ドイツ会社法概説』(有斐閣，2012年) 474頁以下，泉田栄一「会社分割―比較法的考察」『会社法の論点研究―附・国際金融法の論点』(信山社，2005年) 127頁以下が詳細に紹介している。
10) リューディガー・ファイル＝正井章筰 (訳)「企業の組織再編における株主，債権者および労働者の保護―ドイツの法規制」商事1950号 (2011年) 35頁。
11) 事業譲渡は，個別承継であり，株主総会決議が不要である等の長所があり，企業の一事業部門または当該事業の一部の買収のために利用されている。また，偶発債務の承継リスクがある場合や，対象企業の経営が悪化し多額の債務を抱えている場合などには，移転の対象を選択できる (金久保茂『企業買収と労働者保護法理―日・EU独・米における事業譲渡法制の比較法的考察』(信山社，2012年) 90頁)。
12) ドイツでは，衰退しつつある事業と将来有望な事業を行う会社が，後者を子会社へ分離分割したという場合に，結合企業の親会社の株主保護の観点から争われた著名な事例 (ホルツミュラー判決，ジェラティーネ判決) がある (舩津浩司「ドイツの親会社株主保護」商事1834号 (2008年) 29頁以下等参照)。
13) ドイツ銀行内の事例として，2015年，2016年1月1日付けで，コーポレート・バンキング・アンド・セキュリティーズ部門について，その一部のコーポレート・ファイナンスを分割してグローバル・トランザクション・バンキング部門を統合し，コーポレー

ト・アンド・インベストメント・バンキング部門を創設する組織再編を行い、取締役会内部の委員会も大部分を廃止して、顧客のニーズおよび監督当局の要請により的確に応えることを公表したが、2017年には、更に強力な事業基盤を築き再び成長を目指し、コーポレート・ファイナンスとグローバル・トランザクション・バンキング等を統合して、新たにコーポレート・アンド・インベストメント・バンク部門を設置すること等を公表したものがある（Deutsch Bank Group Japan ホームページ プレスリリース「ドイツ銀行、包括的組織再編および経営幹部人事の刷新を発表」(https://japan.db.com/jp/content/5943_6130.html)（2015年10月18日）、同「ドイツ銀行、ストラテジーの調整、資本の増強を発表」(https://japan.db.com/jp/content/6489_6549.html)（2017年3月5日））。

14) ドイツ株価指数（Deutsche Aktien Index）は、フランクフルト証券取引所で取引されるドイツ企業の主要30銘柄から構成される、時価総額加重平均指数である。

15) 服部徹「ドイツの大手電力会社の経営戦略の見直しから何を学べるか？」電気新聞2016年2月29日（http://criepi.denken.or.jp/jp/serc/denki/pdf/20160229.pdf）。

16) RWE Corporate Website, RWE baut den innovativen, dezentralen Energiekonzern der Zukunft: Erneuerbare, Netze und Vertrieb werden in neue Tochtergesellschaft überführt und an die Börse gebracht, 2015. (http://www.rwe.com/web/cms/en/113648/rwe/press-news/press-release/?pmid=4014307)

17) E-ON Corporate Website, 2016 Press releases, Operative Trennung der E.ON-Geschäftsbereiche zum 1. Januar 2016 vollzogen: Uniper planmäßig an Neujahr gestartet, 2016. (https://www.eon.com/de/ueber-uns/presse/press-releases/2016/2016-01-04-separation-of-eon-business-operations-completed-on-january-1-uniper-launched-on-schedule.html)

18) 2代目の発行人が死亡し、事業をその妻が引き継いだが、初代発行人の息子と折り合いが悪く、多数派株主と唯一の少数派株主も対立していた。

19) 倒産法270b条は、倒産処理手続の開始申立から開始決定までの期間に、債務者が支払不能ではなく、かつ再建の見込みが明らかでない場合でないことについて、会計士等による証明文書を出し、債務者の申立がある場合には、倒産裁判所が必ず発令することを義務付けられている強制執行の禁止命令等の執行からの保護の下で、債務者はその財産につき管理処分権を行使しながら、再建計画案を作成する機会が付与されるということを規定している（松村和徳ほか「ドイツ倒産法制の改正動向(2)」比較法学49巻3号（2016年）236頁以下、水元・前掲（注3）855頁）。

20) ペーター・オー・ミュルベルト＝神作裕之（仮訳）「ドイツ株式法、債務証券法および倒産法におけるデット・エクイティ・スワップとデット・デット・スワップ」金融商事法ワーキングペーパー・シリーズ（2014年）12頁以下。Anja Commandeur/ Jana Julia Hübler, Aktuelle Entwicklungen im Insolvenzrecht Gesellschaftsrechtliche Umwandlung im Rahmen eines Insolvenzplans- Der Fall Suhrkamp, NZG 2015, S.185ff.

21) Stefan Simon/ Christian Brünkmans, Die Ausgliederung von sanierungswürdigen Betriebsteilen mithilfe des Insolvenzplanverfahrens nach ESUG: Verdrängt die Gläubigerautonomie den institutionalisierten Gläubigerschutz des Umwandlungsgesetzes?, ZIP 2014, S.658.

22) Gesetzentwurf der Bundesregierung, Entwurf eines Gesetzes zur Erleichterung der

Bewältigung von Konzerninsolvenzen, BT-Drucks. 18/407, 30.01.2014, S. 16ff. ESUG は，コンツェルン体制のなかで，事業再生の可能性を目的としている。
23) 概観においては，立法経緯に関する法律名について括弧書きで明記しない。
24) 組織再編法は，合併について，吸収合併（Verschmelzung durch Aufnahme）と新設合併（Verschmelzung durch Neugründung）を規定している。法的主体（Rechtsträger）である消滅会社は，清算手続を経ずに解散し，財産を移転する法的主体の持分所有者（社員，株主，協同組合の組合員，社団の社員）に対して，財産を承継する法的主体である存続会社または新設会社の持分または社員権の付与と引き換えに合併する（組2条）。
25) ドイツ組織再編法の先行研究として，受川環大『組織再編の法理と立法—利害関係者の保護と救済』(中央経済社，2017年) 221頁以下，249頁以下，周田憲二「ドイツにおける分社について」島法45巻1号 (2001年) 45頁以下がある。
26) Ausgliederungは分離独立・分社と訳出されることもあるが，本稿では分離分割と訳出する。
27) 分離分割とは，存続分割の場合と同様に，財産を移転する法的主体（übertragende Rechtsträger）が，その財産の一部を1個または複数の既存の法的主体または新設される法的主体に譲渡するものであるが，財産を承継する法的主体（übernehmende Rechtsträger）の持分を，財産を移転する法的主体の持分所有者が取得するのではなく，当該財産を移転する法的主体自身が取得するものである（組123条3項）。
28) 消滅分割とは，ある権利の担い手が自己の全財産を分割し，少なくとも2個の，既存の法的主体または新設される法的主体に譲渡し，清算を経ずに解散するものである。財産を移転する法的主体の持分所有者（Anteilsinhaber）は，その持分と引換えに，財産を承継する法的主体の持分を取得する（組123条1項）。
29) 存続分割とは，財産を移転する法的主体が，その財産の一部を1個または複数の既存の法的主体または新設される法的主体に譲渡し，当該財産を移転する法的主体は存続するものである。財産を移転する法的主体の持分所有者は，その持分または社員たる地位の付与と引換えに，財産を承継する法的主体の持分を取得する（組123条2項）。
30) Kropff, a.a.O. (Fn. 7), S.124f.
31) 1861年ドイツ普通商法典には，合併以外の組織再編の規定は存在しなかった。学説上，合併は現物出資による資本増加であると主張されていた（Vgl. Karl Lehmann, Das Recht der Aktiengesellschaften, II Bd., 1904, S.525.）。
32) Rüdiger Veil, Umwandlungen, in: Walter Bayer und Mathias Habersack (Hrsg.), Aktienrecht im Wandel, Band II, Grundsatzfragen des Aktienrechts, 2007, S.1063f.
33) Veil, a.a.O. (Fn.32), S.1067ff.
34) 具体的には，消滅会社の財産が分離管理され，消滅会社の債権者に対し会社公告紙により存続会社から弁済を受けるため債権の申出をするよう催告し，1年の遮断期間経過後に統合された。消滅会社から承継された財産は，統合されるまでの間，存続会社およびその残余の債権者と消滅会社の債権者との関係において，消滅会社の財産とみなされた（商法典306条2項・4項・5項）（Veil, a.a.O. (Fn.32), S.1069ff.）。
35) Veil, a.a.O. (Fn.32), S.1073f.
36) Veil, a.a.O. (Fn.32), S.1075ff.
37) その後，1969年に組織変更補足法が制定され，包括的な市場におけるドイツ経済の情

勢や，さらなる順応を考慮する必要があるとして，人的商事会社の資本会社への組織変更，個人商人の株式会社への組織変更が容認された（Vgl. Veil, a.a.O.（Fn.32），S.1084）。
38) Veil, a.a.O.（Fn.32），S.1078ff.
39) Kropff, a.a.O.（Fn.7），S.111.
40) Veil, a.a.O.（Fn.32），S.1080ff.
41) Kropff, a.a.O.（Fn.7），S.112.
42) Kropff, a.a.O.（Fn.7），S.113ff. 山田純子「会社分割の規制(1)」民商99巻6号（1989年）105頁以下。
43) 1970年7月には，ドイツ連邦政府は，株式会社の内部合併（die interne Fusion）に関する指令の草案について，ドイツ連邦議会へ報告していた。そこでは，この立法行為とともに，分割合併（Spaltungsfusion）の制度も対象とされるかが問題となったが，ドイツの立法者は，その議題を受け入れなかった（Veil, a.a.O.（Fn.32），S.1085ff.）。
44) 山口幸五郎＝吉本健一「会社の分割に関するEC指令について」阪法135巻（1985年）169頁以下，山田・前掲（注42）93頁以下。
45) 本法のほか，1990年農業経済調整法4条以下において，農業生産共同組合の新設消滅分割が規定された。両法は，組織再編法への見本となるものではなく，会社分割という法制度を埋め込む際の議論の対象を示し，修正されるものとしての位置づけであった。
46) 同法の紹介および条文訳として，早川勝「信託公社が管理する企業分割に関する法律（試訳）」産法27巻1号（1993年）22頁以下，庄子良男「ドイツ新連邦領域における企業法──トロイハント法を中心として」石山卓磨＝上村達男編『酒巻俊雄先生還暦記念　公開会社と閉鎖会社の法理』（商事法務研究会，1992年）353頁以下がある。
47) Veil, a.a.O.（Fn.32），S.1087f.
48) BT-Drucks. 12/6699, S.74.
49) Georg Maier-Reimer/ Günter Seulen, in: Johannes Semler/ Arndt Stengel (Hrsg.), Umwandlungsgesetz mit Spruchverfahrensgesetz, 3. Aufl., 2012, § 22 Rn.1, Raiser/ Veil, a.a.O.（Fn.32），§ 67 Rn.77ff.
50) Maier-Reimer/ Seulen, a.a.O.（Fn.49），§ 22 Rn.33.
51) 受川・前掲書（注25）230頁以下，高橋・前掲（注9）162頁。
52) Friedrich Kübler, in: Johannes Semler/ Arndt Stengel (Hrsg.), Umwandlungsgesetz mit Spruchverfahrensgesetz, 3. Aufl., 2012, § 25 Rn.15f. 35ff.
53) BT-Drucks. 12/6699, S.122.
54) Mathias Habersack, Grundfragen der Spaltungshaftung nach § 133 Abs.1 S.1 UmwG, in: Festschrift für Gerold Bezzenberger, 2000, S.93ff.; Peter Hommelhoff, in: Marcus Lutter (Hrsg.), Kölner Umwandlungsrechtstage: Verschmelzung, Spaltung, Formwechsel: nach neuem Umwandlungsrecht und Umwandlungsteuerrecht 1995, S.158, Raiser/ Veil, a.a.O.（Fn.8），§ 70 Rn.
55) Kropff, a.a.O.（Fn.7），S.111.
56) Hommelhoff, a.a.O.（Fn.54），S.117f.
57) Diskussionsentwurf. Gesetz zur Bereinigung des Umwandlungsrechts, Beilage Nr.214a zum Bundesanzeiger. Nr.214 vom 15.11.1988.
58) Teichmann, a.a.O.（Fn.5），S.400.

59) Referentenentwurf, Gesetzes zur Bereinigung des Umwandlungsrechts, Beilage Nr.112a zum Bundesanzeiger. Nr.112a vom 20.6.1992.
60) BT-Drucks. 12/6699, Gesetzentwurf der Bundesregierung, Entwurf eines Gesetzes zur Bereinigung der Umwandlungsrechts（UmwBerG）, BR-Drucks. 75/94.
61) Beschlußempfehlung und Bericht des Rechtsausschusses（6. Ausschuß）, BT-Drucks. 12/7850.
62) Gesetzesbeschluß des Deutschen Bundestages, BR-Drucks. 599/94.
63) Bundesrat Stenographischer Bericht 672. Sitzung vom 8.7.1994, S.380f.
64) Beschluß des Deutschen Bundestages, BR-Drucks. 843/94.
65) Gesetzentwurf der Bundesregierung, Begründung zum SpTrUG, BR-Drucks. 71/91, S.34f.
66) Beschlußempfehlung und Bericht des Rechtsausschusses（6. Ausschuß）, BT-Drucks. 12/254, S.15f.
67) Protokoll der 2. Sitzung des Rechtsausschusses des Deutschen Bundestages vom 20.2.1991, S.2/15.
68) 割当が失念された債務に対する責任の範囲は制限されなかった。
69) Beilage Nr.112a zum Bundesanzeiger, S.168.
70) Beilage Nr.112a zum Bundesanzeiger. S.169ff.
71) Kai Mertens, Zur Unniversalsukzession in einem neuen Umwandlungsrecht, AG 1994, S.69. Mertensは，経済的に失敗に終わった会社分割もしくは濫用的に実行された会社分割のリスクは，弁済期未到来の債権者のほうが大きいと思われるので，返還可能性は，同等の範囲内で認められなければならないという。
72) Teichmann, a.a.O.（Fn.5）, S.417.
73) Karsten Schmidt, Gläubigerschutz bei Umstrukturierungen -Zum Referententwurf eines Umwandlungsgesetzes-, ZGR 1993, S. 390f., Detlef Kleindiek, Vertragsfreiheit und Gläubigerschutz im künftigen Spaltungsrecht nach dem Referententwurf UmwG, ZGR 1992, S.513, u. 526.
74) BT-Drucks. 12/6699, S.92. 組織再編法22条の前身である株式法347条は，譲渡会社の債権者と譲受会社の債権者との間で保護内容の差異を設けていない。しかし，学説上は，一般に譲渡の法的主体の債権者と譲受の法的主体の債権者では，前者が後者に比べて保護される可能性が実質的に高まっているという指摘がある（Barbara Grunwald, in: Marcus Lutter / Martin Winter (Hrsg.), Umwandlungsgesetz Kommentar, Band Ⅰ, 4. Aufl., 2009, § 22 Rn. 12f.）。例えば，自己の債務者（譲渡の法的主体）は無限責任を負う自然人または法人であったが，合併により新たに債務者となる者（譲受の法的主体）はそうではないという場合や，譲受の法的主体の財務状況が悪い場合である。
75) Jens Kollmar, Die Ausstrahlungen des Umwandlungsgesetzes auf Spaltungen nach traditionellem Recht, 1999, S.104. Hommelhoffは，分割会社の資産および負債からどれを承継会社へ分配しどれを残すか，分割会社の任意であるということが，会社分割が濫用される境界線となっていることを指摘するが，濫用の具体的内容については述べていない（Hommelhoff, a.a.O.（Fn.54）, S.119.）。
76) Mathias Habersack, Europäisches Gesellschaftsrecht, 1999, Rn.256. 同様に，借入実務

(Anleihepraxis) では，実情は正反対であるとの見解も存在する。共同責任者が5年で連帯責任を免責されることについて，通常の借入では期限が5年から30年で設定されており，免責期間の満了前に債務が支払期日になることがない。しかし，共同責任請求権は，債権の支払期日が免責期間内にあることが前提になるとして，当該規定の保護概念は中身を伴っていないと述べる見解もある（Jana Bertus, Sicherung der Gläubigerrechte bei Umwandlung von (notleidenden) Anleiheemittenten, BB 46. 2016, S.2756.）。

77) Martin Schwab, in: Marcus Lutter / Martin Winter（Hrsg.），Umwandlungsgesetz Kommentar, Band Ⅰ, 4. Aufl., 2009, § 133 Rn.8. しかし，Schwab が述べるような債権者保護規定の競合を単純化して理解することには疑問がある。

78) Hommelhoff, a.a.O.（Fn.54），S.117ff.

79) Kai Mertens, Umwandlung und Universalsukuzession, 1993, S.144.

80) 連帯債務について，会計上の取扱について議論がある。Kleindiek は，全ての会社分割当事会社は，分割会社の全債務を貸借対照表の貸方に計上しなければならないという。しかし，求償権の記載は認められず，他の会社分割当事会社が十分な支払能力を有しているかについても判断できないとする（Kleindiek, a.a.O.（Fn.73），S.528ff.）。これに対して，Priester は，債務を割り当てられた会社分割当事会社のみが計上すればよいこと，その他の当事会社は組織再編法133条の連帯債務を債務保証関係として貸借対照表に記載するか（商251条），付属書類に記載する（商285条3号）義務があることを主張する（Hans-Joachim Priester, in: Marcus Lutter / Martin Winter（Hrsg.），Umwandlungsgesetz Kommentar, Band Ⅰ, 4. Aufl., 2009, Anh. Nach § 134 Rn.17. ff.）。しかし，Priester の見解に対しては，連帯債務による請求が差し迫ったときに貸方へ計上されることになるが，それはいつなのかということ等，疑問が呈されている（Helge-Torsten Wöhlert, Gestaltungsfreiheit und Gläubigerschutz bei Spaltung（2010），S.179f.）。

81) Kleindiek, a.a.O.（Fn.73），S.529.

82) Kleindiek, a.a.O.（Fn.73），S.529f.

83) 民法上，担保提供の方法は，原則として現金または有価証券の供託，抵当権の設定によって行い（民232条1項），このような方法で担保提供ができないときは，資格のある保証人を立てることができると規定されている（同条2項）。民法771条以下は，保証債務の補充性について規定している。民法772条は，債権者の執行および換価義務について，金銭債権について保証が存在する場合，強制執行は，債権者の主たる債務者の住所にある動産に対して行い，また主たる債務者の動産に質権等があるときはそれを実行しなければならないと規定している。民法772条の単純保証には補充性があるが，連帯保証には補充性がない（民773条）。

84) Kleindiek, a.a.O.（Fn.73），S.531.

85) Wöhlert, a.a.O.（Fn.80），S.223.

86) Teichmann, a.a.O.（Fn.5），S.419.

87) Wöhlert, a.a.O.（Fn.80），S.234.

88) Mertens, a.a.O.（Fn.71），S.69f.

89) Mertens 以前の学説も，時的制限について触れていなかったが，渉猟した資料の範囲内では，時的制限を検討していないことについての批判は，当時としてはなかったようである。

90) Wöhlert, a.a.O. (Fn.80), S.239.
91) Karsten Schmidt, Gesetzliche Gestaltung und dogmatisches Konzept eines neuen Umwandlungsgesetzes -Überlegungen zur legislatorischen Praxis und Theorie-, ZGR 1990, 603f.
92) Thomas Theißen, Gläubigerschutz bei der Spaltung von Gesellschaften nach dem Umwandlungsgesetz (2001), S.206ff.
93) Heribert Hirte/ Christine Ede in: Wilhelm Uhlenbruck/ Heribert Hirte/ Heinz Vallender (Hrsg.), Insolvenzordnung, 14. Aufl., 2015, § 129 Rn.397f.
94) 民法419条（1999年1月1日削除）は，ある者が契約により他人の財産を引き受けたときは，その他人の債権者の従来の債務者の責任の存続を妨げず，その契約締結以後は，締結時に存続する自己の請求権を引受人に対しても主張することができること（1項），引受人の責任は，引き受けた財産の現在高（Bestand）およびその契約に基づき引受人に属する請求権の上に限ることを規定していた（2項）。しかし，利益衡量の問題や，債務を含む財産の取得を根拠として債務まで引受させるのは法的に正当化できないことから，倒産法施行法により削除された。
95) BT-Drucks. 12/6699, S.91f.
96) 批判説は，経済的解消（Rückabwicklung）はドイツ組織再編法16条3項6文後段によっても排除されないと述べる。Veilは，組織再編と合併の性質を比較し，合併は新設合併によることが通例であり，経済的解消は実際上著しく困難であるが，会社分割により分割会社から承継会社へ分離した財産は，大抵の場合，その分離部分は区別して認識できるため，阻害原因とはならないとして，立法者が合併の規定を会社分割についても統一的に理解していることに反対している（Rüdiger Veil, Aktuelle Probleme im Ausgliederungsrecht, ZIP 1998, S.364f.）。
97) Wolfram Henckel, Anfechtung im Insolvenzrecht Kommentar, 2008, § 145 Rn.20f.
98) Theißen, a.a.O, (Fn.92), S.206ff.
99) 否認権を包括的に紹介する文献として，ヴォルフラム・ヘンケル＝近藤隆司（訳）「ドイツ倒産法における否認制度(1)」白鴎19号（2002年）432頁以下，同「ドイツ倒産法における否認制度(2)」白鴎20号（2002年）244頁以下がある。
100) Theißen, a.a.O. (Fn.92), S.206f.
101) Hirte / Ede, a.a.O. (Fn.93), § 143 Rn. 30.
102) 法的行為とは，何らかの法的効果を伴う行為であり，これが意図され，あるいは意図されないものであっても含まれ，否認権や債権者取消権の対象となる債務者の行為を広く定義し，これらの目的を全うするために定義された概念であると解されている。一方，法律行為は，表意者の意思表示を要素とする厳格な要件を必要としている（佐藤岩昭「詐害行為と法律行為─法律行為概念と法的行為概念の比較を手がかりとして」高翔龍ほか編『星野英一先生追悼　日本民法学の新たな時代』（有斐閣，2015年）452頁）。なお，Hirte / Ede, a.a.O, (Fn.93), § 129 Rn. 86ff., Hans Gerhard Ganter/ Alexander Weinland, in: Karsten Schmidt (Hrsg.), Insolvenzordnung 19. Aufl., 2016, § 133 Rn.16ff. も参照。
103) 2017年改正倒産法により，法的安定性の改善という観点から，現行のとおり規定された（Michael Dahl/ Daniel Schmitz, Das neue Insolvenzanfechtungsrecht, NJW 2017, S.1505ff.）。

104) Sebastian Mock, in: Wilhelm Uhlenbruck/ Heribert Hirte/ Heinz Vallender（Hrsg.），Insolvenzordnung, 14. Aufl., 2015, § 17 Rn.29.
105) Mock, a.a.O.（Fn.104），§ 18 Rn.2.
106) Mock, a.a.O.（Fn.104），§ 18 Rn.22ff.
107) Mock, a.a.O.（Fn.104），§ 18 Rn.26ff. OLG Hamm, Urt. v. 23. 9. 2014- 27 U 149/ 13, ZinsO 2014, S.2275. OLG Munchen, Urt. v. 21.3.2013- 23 U 3344/12, NZI 2013 S.542., Karsten Schmidt, in: Karsten Schmidt（Hrsg.），Insolvenzordnung 19. Aufl., 2016, § 18 Rn.21.
108) Karsten Schmidt, Konkursgründe und präventiver Gläubigerschutz, AG 1978, S.334ff. 五十嵐邦正「ドイツ倒産法における支払不能と債務超過の判定」会計168巻2号（2005年）7頁以下。支払不能，支払不能のおそれ，および債務超過の判断基準について，当該論稿および同『会計理論と商法・倒産法』（森山書店，2005年）が詳しい。
109) Mock, a.a.O.（Fn.104），§ 19 Rn.38ff.
110) BGH, Urt.v. 19.1.2006-IX ZR 154/03, ZIP 2006, S.960.
111) Gerhard Pape/ Wilhelm Uhlenbruck/ Joachim Voigt-Salus, Insolvenzrecht, 2010, Kap. 33 Rn. 24, Christopf Paulus, in: Bruno Kübler / Hanns Prütting（Hrsg.），Kommentar zur Insolvenzordnug, 2000, § 129 Rn.22.
112) BGH, Urt.v. 19.1.2006-IX ZR 154/03, ZIP 2006, S.960.
113) Hirte/ Ede, a.a.O.（Fn.93），§ 129 Rn.241。なお，他の買い手が見つからず商品が腐敗するという理由で，債務者が廉価売却をする場合には，直接的な加害は存在しないが，このような緊急売却（ドイツの緊急売却（Notverkauf, HGB 379条2項）の対象は，動産に限定されている）が債務者に流動資産を得させるものである場合には，加害を導くという。
114) Hirte/ Ede, a.a.O.（Fn.93），§ 129 Rn.244.
115) Hirte/ Ede, a.a.O.（Fn.93），§ 129 Rn.245ff. 垣内秀介「否認要件をめぐる若干の考察――有害性の基礎となる財産状態とその判断基準時を中心として」金融財政事情研究会編『田原睦夫先生古稀・最高裁判事退官記念論文集　現代民事法の実務と理論（下）』（きんざい，2013年）215頁以下。
116) 垣内・前掲（注115）216頁。
117) Godehard Kayser, in: Hans-Peter Kirchhof/ Horst Eidenmüller/ Dres. H.c. Rolf Stürner（Hrsg.），Münchener Kommentar zur Insolvenzordnung, Bd. 2, 3. Aufl., 2013, § 129 Rn.103f.
118) Pape/ Uhlenbruck/ Voigt-Salus, a.a.O.（Fn.111），Kap. 33 Rn. 25f.
119) Christopf Thole, Gläubigerschutz durch Insolvenzrecht, 2010, S.357.
120) Thole, a.a.O.（Fn.119），S.296.
121) Thole, a.a.O.（Fn.119），S.361f.
122) BGH, Urt. v. 15.3.1972-Ⅷ ZR 159/ 70, NJW 1972, S.870.
123) Thole, a.a.O.（Fn.119），S.363.
124) Henckel, a.a.O.（Fn.97），§ 132, Rn.9f.
125) Paulus, a.a.O.（Fn.111），§ 132 Rn.12.
126) Henckel, a.a.O.（Fn.97），§ 132, Rn.13ff.

127) Henckel, a.a.O. (Fn.97), § 132, Rn.36f.
128) Kayser, a.a.O. (Fn.117), § 132, Rn.1, Jörg Nerlich, in: Jörg Nerlich/ Volker Römermann (Hrsg.), Insolvenzordnung, 33.Eg., 2017, § 132, Rn.3.
129) BGH, Urt. v. 13. 3. 2003-Ⅸ ZR 64/ 02, BGHZ 154, 190, 195, NZI 2003, 315,. 316f. Ganter/ Weinland, a.a.O. (Fn.102), § 132 Rn.32.
130) BGH, Urt. v. 10. 2. 2005-Ⅸ ZR 211/ 02 (OLG Dresden), NZI 2005, 215, 216.
131) Thole, a.a.O. (Fn.119), S.422. クリストフ・トーレ＝河野憲一郎（訳）「債権者否認権の構成要件の評価」商学討究63巻1号（2012年）139頁以下。
132) Thole, a.a.O. (Fn.119), S.423ff. トーレ＝河野・前掲（注131）142頁以下。なお、Tholeは、倒産法132条1項に関して、財団不足の倒産が問題として残っていることも指摘している。実際、倒産法132条1項が意味するところにおいて、詐害的な法律行為が、財団不足により手続が中止される際に否認の対象とされえないならば、それは相当な欠陥であろうという。もっとも、立法者は、この問題を包括的に克服していないが、倒産手続外で、倒産法132条1項の対応物を欠いていることは、否認権による保護を断念していないという（Thole, a.a.O. (Fn.119), S.427. トーレ＝河野・前掲（注131）142頁以下）。
133) Paulus, a.a.O. (Fn.111), § 133 Rn.2., Jörg Daurnheim, in: Klaus Wimmer (Hrsg.), Frankfurtter Kommentar zur Insolvenzordnung, 2.durchgesehene Aufl., 2001, § 133, Rn.1. しかし、Tholeは、倒産法133条と債権者取消権法3条がパラレルな規定であるとの記載はないとして批判している（Thole, a.a.O. (Fn.119), S.484.）。
134) Hirte / Ede, a.a.O. (Fn.93), § 133 Rn.3, Ganter/ Weinland, a.a.O. (Fn.102), § 133 Rn.6. すなわち、債権者間の実質的平等を図っていると理解される（Wolfram Henckel, Die Gläubigeranfechtung - ein tauglich Mittel zur Beseitigung von Verkürzungen der Konkursmasse? ZIP 1982, S. 395.）。
135) Begründung RegE, BT-Drucks 12/2443, S.160, Henckel, a.a.O. (Fn.97), § 133, Rn.21.
136) Hirte / Ede, a.a.O. (Fn.93), § 133 Rn.37 u. 76. 支払不能のおそれは、客観的な債権者加害であるとされている。
137) Henckel, a.a.O. (Fn.97), § 133, Rn.22f.
138) Ganter/ Weinland, a.a.O. (Fn.102), § 133 Rn.44.
139) Ganter/ Weinland, a.a.O. (Fn.102), § 133 Rn.34.
140) BGH, Urt. v. 4.12.1997-IX ZR 47/97, ZIP1998, 248, 252.
141) Henckel, a.a.O. (Fn.97), § 133 Rn.51ff., Ganter/ Weinland, a.a.O. (Fn.102), § 133 Rn.79ff.
142) Thole, a.a.O. (Fn.119), S.488. トーレ＝河野・前掲（注131）151頁以下。
143) Tohle, a.a.O. (Fn.119), S.61. 債権者取消権法における個別の取消権は、債権者平等取扱ではなく、取消権を行使する債権者が執行掴取を可能とする目的のものである（Hirte/ Ede, a.a.O. (Fn.93), § 129 Rn.17.）。
144) BGH, Urt. v. 18.5.1995-IX ZR 189/94, ZIP 1995, S.1206. Urlich Ehricke, in: Bruno Kübler/ Hanns Prütting/ Reinhard Bork (Hrsg.), Kommentar zur Insolvenzordnug, 2018, § 129 Rn.1.
145) BGH, Urt. v. 21.1.1999-IX ZR 329/97, ZIP 1999, S.406, Thole, a.a.O. (Fn.119), S.280.
146) Thole, a.a.O. (Fn.119), S.280f.

147) Thole, a.a.O.（Fn.119），S.281, BGH, Urt. v, 10. 2. 2005-IX ZR 211/ 02, NZI 2005, 215, 216.
148) Thole, a.a.O.（Fn.119），S.282f. トーレ＝河野・前掲（注131）125頁以下。
149) Thole, a.a.O.（Fn.119），S.306.
150) Thole, a.a.O.（Fn.119），S.507f.
151) BGH, Urt. v, 26. 3. 1984-Ⅱ ZR 171/ 83, NJW 1984, 1893, 1899.
152) Thole, a.a.O.（Fn.119），S.508.
153) Paulus, a.a.O.（Fn.111），§ 129 Rn.27.
154) Paulus, a.a.O.（Fn.111），§ 130 Rn.25.
155) Hirte ／ Ede, a.a.O.（Fn.93），§ 133 Rn.129.
156) Paulus, a.a.O.（Fn.111），§ 132 Rn.15.
157) Paulus, a.a.O.（Fn.111），§ 133 Rn.11.
158) Henckel, a.a.O.（Fn.97），§ 133, Rn.29f.
159) Michael Huber, Anfechtungsgesetz, 11. Aufl., 2016, § 11 Rn.7.
160) BGH Urt. v. 27.3.1984-IX ZR 49/83, NJW 1984, S.2892. Vgl. Paulus, a.a.O.（Fn.111），§ 143 Rn56. 債権者取消の法的性質については債権説，責任説等があり，詳細な議論がなされてきたが，本稿では立ち入らない。上記の見解は，ライヒ裁判所が1909年5月18日（RGZ.71.176.）判決で債権説に立脚したことが先例になったと分析されている。なお，佐藤岩昭『詐害行為取消権の理論』（東京大学出版会，2001年）135頁参照。
161) Theißen, a.a.O.（Fn.92），S.210.
162) 旧債権者取消権法は，債務者が債権者を害する意思をもち，かつ相手方がその行為の当時，債務者の詐害意思を知っていた行為の取消しを認める「故意による加害行為の取消し（Absichtsanfechtung）」を規定していた。旧債権者取消権法と現行の債権者取消権法は，基本的に同一性を保っていると説明される。現行法の立法者は，個々の規定の制定にあたりその簡易化を図り，取消請求の成立要件を厳密に規定し，行使期間を延ばし，債権者の立証責任を軽くしたと解されている（下森定「債権者取消権制度をめぐる近時の動向（①ドイツ法）―ドイツ債権者取消権法の改正（1994年）について」『実務法学における現代的諸問題』（遠藤光男元最高裁判所判事喜寿記念論文集編集委員会，2007年）160頁，中西俊二『詐害行為取消権の法理―その法的性質と効果論を中心として』（信山社，2011年）229頁）。
163) 2017年倒産法改正に伴い改正された。旧規定の2項は4項へ繰り下げられた。
164) Hans-Peter Kirchhof, Müunchener Kommentar zum Anfechtungsgesetz, 2012, § 3 Rn.11.
165) Kirchhof, a.a.O.（Fn.164），§ 3 Rn.14f.
166) Kirchhof, a.a.O.（Fn.164），§ 3 Rn.20f.
167) Kirchhof, a.a.O.（Fn.164），§ 3 Rn.23f.
168) Thole, a.a.O.（Fn.119），S.320.
169) Thole, a.a.O.（Fn.119），S.317. 債権者取消権法16条1項は，債務者の財産に関して倒産手続が開始すると，倒産管財人は，倒産債権者によって申し立てられた否認請求を追及する権利を有すると規定している。
170) Thole, a.a.O.（Fn.119），S.320.

171) 商号続用責任規定として，商法26条および28条も関係している。商法26条は，事業譲受人が責任を追う場合には，従前の事業主は，5年以内に弁済期が到来し，かつ民法197条1項3号から5号までに示された方法により確定されているか，または裁判上ないし行政庁による執行手続が行われ，もしくは当該手続が申し立てられた場合，これらの債務につき責任を負うことを規定している。商法28条は，個人商人の事業への入社に関する規定である。
172) K.Schmidtは，商号続用規定は個別承継の局面のものであるが，事業の一部，特に事業再生が必要とされている事業譲渡が，それに付随する債務なしで実施される場合に意味があることを指摘する（Karsten Schmidt, Handelsrecht Unternehmensrecht Ⅰ, 6. Aufl., 2014, § 8 Ⅰ Rn.63）。
173) Claus-Wilhelm Canaris, Handelsrecht, 24.vollständig neu bearbeitete Aufl. (2006), § 7 Ⅰ Rn.29.
174) 学説の先行研究として，小橋一郎「商号を続用する営業譲受人の責任―商法26条の法理」河本一郎ほか編『商事法の解釈と展望　上柳克郎先生還暦記念』（有斐閣，1984年）1頁以下，大山俊彦「商号続用と営業譲受人の責任について―ドイツにおける最近の論争を踏まえて」法研653号（2000年）1頁以下，西内康人「団体論における契約性の意義と限界(3)―ドイツにおける民法上の組合の構成員責任論を契機として」論叢165巻5号（2009年）3頁以下がある。西内論文は，社会的構造物を生み出す手段的役割としての法人法制を，団体ないし契約の性質と比較しつつ論じたものである。
175) Franz-Jürgen Säcker, Die handelsrechtliche Haftung für Altschulden bei Übertragung und Vererbung von Handelsgeschäften- Zur legislativen Ratio §§ 25-28 HGB-, ZGR 1973, S.272ff. 小橋・前掲（注174）6頁以下。
176) Karsten Schmidt, Haftungskontinuität als unternehmensrechtliches Prinzip Plädoyer für ein neues Verständnis der §§ 25 und 28 HGB, ZHR 145, 1981, S.8f.; Annette Voigt, Umwandlung und Schuldverhältnis, 1997, S.79.
177) Wolfgang Hildebrandt, in: Schlegelberger Handelsgesetzbuch, Kommentar von Ernst Geßler, Wolfgang Hefermehl, Wolfgang Hildebrandt, Georg Schröder, 5.Aufl. 1Bd., 1973, § 25 Rn.1.
178) 1955年10月13日連邦通常裁判所判決（BGHZ18, 248）が，商法25条による責任の法的根拠について権利外観効力から説明したことが契機となり，権利外観説が通説・判例となったといわれている（小橋・前掲（注174）8頁以下）。
179) Claus-Wilhelm Canaris, Die Vertrauenshaftung im deutschen Privatrecht, 1971, S.185f., K.Schmidt, a.a.O. (Fn.176), S.9f.
180) Canaris, a.a.O. (Fn.173), § 7 Ⅰ Rn.11, ders., a.a.O. (Fn.179), S.184f. 大山・前掲（注174）14頁以下。
181) Canaris, a.a.O. (Fn.173), § 7 Ⅰ Rn.18, ders., a.a.O. (Fn.179), S.185. 大山・前掲（注174）17頁。
182) K.Schmidt, a.a.O. (Fn.176), S.9f.
183) 西内・前掲（注174）28頁（注140）。
184) Peter Raisch, Unternehmensrecht 1, 1973, S.110.
185) Canaris, a.a.O. (Fn.173), § 7 Ⅰ Rn.12. K.Schmidt, a.a.O. (Fn.176), S.10f.

186) K.Schmidt, a.a.O. (Fn.176), S.2ff., ders. a.a.O. (Fn.172), §7Ⅲ Rn.36.
187) K.Schmidt, a.a.O. (Fn.176), S.21ff., ders., a.a.O. (Fn.172), §8Ⅲ Rn.14 u. 32.
188) K.Schmidt, a.a.O. (Fn.176), S.7f.
189) K.Schmidt, a.a.O. (Fn.172), §7Ⅲ Rn.106ff.
190) Wolfgang Zöllner, Wovon handelt das Handelsrecht?, ZGR 1983, S.88f.; Canaris, a.a.O. (Fn.173), §7Ⅰ Rn,13f.
191) Voigt, a.a.O. (Fn.176), S.82.
192) 西内・前掲（注174）13頁以下。西内准教授は，事業性に焦点をあてるK.Schmidtの見解では，事業譲渡における事業譲受人の責任発生は，事業という概念が説明構造を決定していると述べる。
193) BGH, Urt. v. 4. 11. 1991-ⅡZR 85/91, NJW 1992, S.911f. 本事件は，商号続用があったのではなく，新旧の権利の担い手の商号の主要な一部が偶然一致していたという事情があった。
194) 連邦通常裁判所は，2008年の判例でも，商号の構成部分の一部が維持された状態での事業の承継により，営業の継続は認められることを示した（BGH, Urt. v. 24. 9. 2008-ⅧZR 192/06, ZIP 2008, S.2116f.）。
195) BGH, Urt. v. 25. 4. 1996-ⅠZR 58/94, NJW 1996, S.2866f., BGH, Urt. v. 28. 11. 2005-ⅡZR 355/03, NJW 2006, S.1001ff. 等。
196) BGH, Urt. v. 16. 9. 2009-ⅧZR 321/08, NJW 2010, S.236ff.
197) K.Schmidt, a.a.O. (Fn.172), §8Ⅲ Rn.32.
198) Voigt, a.a.O. (Fn.176), S.84f. Canaris, a.a.O. (Fn.173), §7Ⅰ Rn.23.
199) 西内准教授は，判例は，権利外観説から決別し，事業の継続こそが責任を継続させるメルクマールになることを強調しており，当事者の意思とは無関係に事業を法律関係の結節点と理解して，事業の移転に随伴して対外的な法律関係全体が移転するという考えにシフトしていることが確認できるという（西内・前掲（注174）10頁）。
200) 単なる営業表示の継続については，連邦通常裁判所において判断されていないが，下級審裁判例は，営業譲受人の責任を営業表示の続用の場合に認めることには慎重な姿勢をとっており，商号と営業表示の法的な違いは維持されている（遠藤喜佳「独判例にみる商号続用要件の解釈と展開」東洋法学48巻2号（2005年）153頁以下）。
201) Voigt, a.a.O. (Fn.176), S.83ff.
202) Hommelhoff, a.a.O. (Fn.54), S.122f.
203) Voigt, a.a.O. (Fn.176), S.84.
204) このほか，ドイツ法上は，会社分割は人的分割である消滅分割および存続分割，物的分割である分離分割の3つの類型があり，組織再編法125条により会社分割に準用される同法18条（本条は，譲渡する権利の担い手の商号を譲り受ける権利の担い手が続用することを規定しており，その責任については規定されていない）の合併における譲渡会社の商号続用の規定は，譲渡会社が存続する存続分割および分離分割の場合に，商号続用規定の適用が排除されるのかも問題となりうる。この問題は，組織再編法155条が，一人会社（Einzelkaufmann）の営業の全部を分離分割する場合に，一人会社が使用する商号は分離分割の登記によって消滅すると規定していることから生じている。Voigtは，この規定は，組織再編法が追求する，リストラクチャリングの手続緩和の法政策上

205) の目的に鑑みて，不必要な障害であり，組織再編法125条は制限的効果をもつものではなく，存続分割および分離分割の際にも，商号続用は認められるという (Voigt, a.a.O. (Fn.176), S.85f.; Cäcilie Engelmeyer, Die Spaltung von Aktiengesellschaften, 1995, S.340f.)。
205) Canaris, a.a.O. (Fn.173), § 7 I Rn.16. なお，支配的見解によると，破産財団からの事業譲渡の際には，商法25条 1 項は適用されないという (Canaris, a.a.O. (Fn.133), 7 I Rn.25.)。
206) Jan Thiessen, in: Karsten Schmidt (Hrsg.), Münchener Kommentar zum Handelsgestzbuch, 4.Aufl., 2016, § 25 Rn.17.
207) Canarisは，法は事業継続を要求しているが，これは，商号続用のかげに隠れてしまっておりほとんど問題にはならない。なぜなら，事業を譲り受け，商号を続用する者は，通常事業を継続するからだ，という言い方をしている (Canaris, a.a.O. (Fn.173), § 7 I Rn.33.)。
208) Canaris, a.a.O. (Fn.173), § 7 I Rn.15.
209) K.Schmidt, a.a.O. (Fn.91), 600f.
210) K.Schmidt, a.a.O. (Fn.172), § 7 Ⅲ Rn.37.
211) Karsten Schmidt, Was wird aus der Haftung nach § 419BGB?, ZIP 1989, S.1028f.
212) 合併に関する規定が，組織再編法125条によって会社分割に準用されている。以下，合併に関する条文のみ示す。
213) BT-Drcuks. 12/6699, S.91f.
214) 決議取消しの訴え（株243条）は，株主総会の決議に法令または定款の違反があるときに提起され，決議の瑕疵には形式的な瑕疵が想定されている。決議無効確認の訴え（株241条）は，決議に実質的な瑕疵がある場合，基本的実体法規違反，一般条項違反のうち特に重大な瑕疵が存在する場合，決議取消しの訴えに基づいて判決により既判力をもって無効が宣言されたとき等に提起されうる（高橋・前掲書（注 9 ）243頁以下）。決議取消しの訴えと決議無効確認の訴えの関係等については，拙稿「組織再編に係る決議の効力を争う訴え」早川勝ほか編『ドイツ会社法・資本市場法研究』（中央経済社，2016年）455頁以下参照。
215) 財産状態の検査および会社分割契約または計画の締結に際して注意義務を尽くした取締役や監査役は，賠償義務を負わないことを規定している（組25条 1 項）。承継会社等の取締役や監査役も分割会社の役員と同様の責任を負うが，承継会社等取締役や監査役に対する損害賠償請求権は，承継会社等の本拠地を管轄する登記裁判所へ会社分割の登記が公告されたとみなされる日から 5 年で時効消滅する（組27条）。
216) Engelmeyer, a.a.O. (Fn.204), S.370ff.
217) Engelmeyer, a.a.O. (Fn.204), S.372. 早川勝「ドイツにおける会社分割規制―株式会社の分割手続を中心として」同法48巻 5 号（1997年）181頁以下。Engelmeyerは会社分割に関する論文でこのように述べているが，彼の所説は合併にも該当するものと解される。
218) Karsten Schmidt, Einschränkung der umwandlungsrechtlichen Eintragungswirkungen durch den umwandlungsrechtlichen numerus clausus?, ZIP 1998, S.187ff.
219) Veil, a.a.O. (Fn.96), S.365f.
220) しかし，例えば会社分割後に分割会社の既存債権者保護の手法として破産法上の否認

権が行使される場合，財産移動の拘束力は及ばないと考えられる。
221) Jens Kuhlmann/ Erik Ahnis, Konzern- und Umwandlungsrecht, 3., völlig neu bearbeitete Aufl., 2010, S.440.

第3章　わが国における課題検討
——ドイツ法からの示唆を踏まえて

　本章では，前章におけるドイツ法の検討結果を手がかりにして，第1章の序説において提起した問題点について，考察していく。

　詐害的会社分割や詐害的事業譲渡における詐害性とは何かという問題意識を基礎として，まず，ⅠおよびⅡにおいて，会社法，民法および破産法を交錯する詐害性の意義について検討する。ここでは，これらの法領域を通して詐害性を理解するために，各適用条文における詐害性の要件の調整と解釈について分析する。

　次に，Ⅲにおいて，詐害性の判断基準について検討する。わが国において実際上行われてきた詐害性の判断基準を検討したうえで，ドイツ法の検討から得られた知見をもとに，当該基準の構造について検討する。

　そして，これらの検討結果を踏まえて，Ⅳにおいて，詐害性の認められない会社分割や事業譲渡であると判断されることになる要件について検討する。

Ⅰ　平成26年改正会社法の規定の位置づけ

1　概　観

　平成26年改正会社法における詐害的会社分割や詐害的事業譲渡の規定に関する「債権者を害する」ことの解釈について，立法担当者は，民法上の詐害行為取消権では典型的には債務者の財産処分行為によって債務超過となる場合が「債権者を害する」という要件に該当すると解されていることを指摘し，これと同様に解するとしている[1]。このように解するのであれば，民法上の詐害行為

取消権の解釈論の変容によって，当該規定における詐害性の判断基準も影響を受ける可能性があると指摘されている[2]。平成29年改正民法は，詐害行為取消権と破産法上の否認権を連続的に捉えて規定したと考えられるため，改めて会社法，民法および破産法を交錯する詐害性の意義について検討する必要がある。以下では，詐害的会社分割や詐害的事業譲渡の規定における詐害性の意義について，破産法上の否認の類型から検討する。

2　詐害的会社分割および詐害的事業譲渡

(1)　詐害的会社分割

会社法は，詐害的会社分割について，残存債権者に承継会社等に対して，承継財産の価額を限度として，直接履行請求権の行使を認めることを規定している（会759条4項・761条4項・764条4項・766条4項）。ドイツ組織再編法における会社分割当事会社の連帯責任が非常に強力であり，詐害的会社分割の発生する余地をなくそうとしていることに比べると，わが国の会社法上の直接履行請求権の責任は妥当な範囲に限定されており，その範囲内で残存債権者保護のために承継会社に連帯責任を課している。責任の範囲を制限し，承継会社等の責任リスクを限定している。

会社法上の直接履行請求権は，総債権者のために責任財産を保全するために行使される民法上の詐害行為取消権とは性質が異なるため，当該規定は詐害行為取消権の特則ではなく，残存債権者は，いずれの請求権を行使することもできる[3]。会社分割や事業譲渡後に倒産手続に入った場合は，破産債権者等の平等を優先し，分割会社の債権者保護は倒産法の否認権行使によるため，直接履行請求権は行使できない[4]。

詐害的会社分割に関する裁判例が蓄積されるなかで，詐害性の意義が問題となっていた。会社法上の直接履行請求権は，詐害性の意義について，具体的な区分をしていない。

直接履行請求権は，債権者異議手続との関係が問題となりうる。会社分割の場合には，分割会社の債務が，分割契約・分割計画の定めに従って，分割会社と承継会社・新設会社に振り分けられることによって，各債権者に不利益を与え

る可能性があることから、債権者異議手続が設けられている。異議を述べることのできる者は、会社分割により債権者の地位に変動がある者に限定されている（会789条・799条・810条）。会社分割後も分割会社に債権の全額を請求できる債権者は、その地位に変動がないとされ、異議を述べることができない。分割会社の残存債権者は異議を述べることができない者に整理されることになり、事前予防的な救済手段が働かないことは、詐害的会社分割の問題が生じる一つの要因となった。そこで、直接履行請求権は、残存債権者が異議を述べる機会がない、すなわち会社分割手続に参加できないことの手当てとしての意味を持っている。

　ドイツでは、わが国の債権者異議手続と類似の性質をもつと捉えられる事後の債権者保護としての担保提供義務と、会社分割当事会社の連帯責任が、残存債権者保護のために協働すると解されている。ドイツとわが国の規定を直接的に対照させることはできない[5]。しかし、これらは、会社分割制度が会社分割自由の原則と財産の包括承継という利便性を有していることの代替として、事後的な債権者保護として機能すると解されていることからは、わが国の直接履行請求権が、会社分割に異議を述べることができない債権者のための、事後的な救済手段として位置づけられると考えることが可能となる。

(2) 詐害的事業譲渡

　平成26年改正会社法は、第1項の詐害的会社分割に関する規定と同時に、詐害的事業譲渡についても同様に、詐害的事業譲渡における残存債権者は、承継財産の価額を限度として、譲受会社に対して直接履行請求権を行使することができると規定した（会23条の2）。当該規定も、詐害的会社分割における直接履行請求権と同様に、詐害性の意義について具体的な区分をしていない。

　会社法22条は、事業譲渡において譲受会社が譲渡会社の商号を続用する場合に、譲受会社は譲渡会社と不真正連帯債務を負うという商号続用責任を規定している。会社法22条は、判例上、詐害的会社分割における残存債権者保護のために、類推適用されることが認められていた。平成26年改正会社法において、詐害的会社分割や詐害的事業譲渡における残存債権者の直接履行請求権が新設

されたことから，会社法22条の性質をどのように捉えるべきであるかという問題が生じうる。従前から，学説上，会社法22条の性質についてさまざまな議論の対立があったが，現在は，事業の譲受会社の責任は商号続用ではなく詐害性の観点から判断するという議論も進んでいる。

すでに述べたとおり，従前の裁判例は，伝統的通説である外観保護説に近い立場にあると解されている。この説に対しては，事業譲渡について悪意の債権者が保護されないとの批判がある[6]。そこで，事業上の債務は企業財産が担保となっていることを前提にして，債務引受けをしない旨を積極的に表示しない限り，企業財産の現在の所有者である譲受会社が原則として併存的債務引受けをしたものとみなして，譲受会社も責任を負うとするとの見解が唱えられた（企業財産担保説[7]）。この説は，会社法23条の2による責任の範囲と同様であるが，学説上は，条文によると無限責任であるべきところ，譲受会社の責任について譲受財産を上限と解していることが批判され[8]，会社法22条2項に基づく責任免除の理由について説明し難いという問題も指摘されていた[9]。商号を続用する譲受会社は事業上の債務を承継する意思があるのが通常であり，商号を続用しない譲受会社にはその意思がないと理解したうえで，商号を続用する譲受会社が，会社法22条2項の債務免除の意思表明をした場合には，譲渡会社の事業上の債務を承継しないとする見解もあったが（譲受人意思説[10]），この説は，商号続用を譲受会社による債務引受の当然の前提としていることを批判されていた[11]。会社法22条の母法であるドイツ商法の分析から，事業の譲受会社が譲渡会社の商号を続用する場合には，対外的には譲受会社が譲渡会社の事業活動に参加するものとして取り扱われ，当事者の責任関係は，合名会社の社員と同様に，譲受会社も事業譲渡前の譲渡会社の債務を負い，譲受会社の責任は別段の合意を公示または通知をすることによって排除できるという見解も唱えられていた[12]。この説は，ドイツの責任継続性説が商号続用責任の根拠を，商号続用ではなく事業継続に求めていることに影響を受けていると考えられるが，合名会社の場合と同一に考える必然性についての根拠が十分ではないと批判されていた[13]。

会社法22条1項に関する議論は，事業譲渡が組織再編の局面で利用されることが多くなったことから，事業譲渡をめぐる関係者間の利害調整機能を中心に

行われる方向へと変遷したと説明されてきた。そして，会社法22条1項は，弁済資力が危機的状態にある譲渡会社が，譲受会社と抜け駆け的ないわゆる詐害的事業譲渡を行わないように，同条2項の定める措置がとられるよう誘導するためのサンクションとしての規定であるとする見解や，判例が商号続用責任の類推適用を認めているのは，一部の債権者を排除した事業譲渡に対する否定的評価があるとして，商号続用責任も，営業主の交代の不知や債務引き受けの誤認についての債権者の信頼保護ではなく，事業譲渡における債権者の手続関与の保障を問題にすべきであるという見解が唱えられている。

　会社法23条の2の立法過程では，詐害的事業譲渡は，会社法22条の当初の立法趣旨の範囲から外れるものと解され，同条は改正されず維持された。それゆえ，両規定の適用範囲を詐害性の有無で分けることも可能であると解する余地が生じる。従来の判例は，譲渡会社の態様について，外観信頼を緩やかに解したうえで，現実的な債権者保護を導いている。会社法22条1項は，譲受会社が譲渡会社の商号を続用する場合に，譲渡会社の残存債権者保護を図るものであり，その責任範囲は限定されていない。同法23条の2は，商号続用を前提とせず，譲渡会社の残存債権者は，譲受会社の責任範囲を承継財産の価額の限度として直接履行請求権を行使することができ，当該請求権には消滅時効がある。商号続用がある事業譲渡における譲渡会社の残存債権者保護は，会社法22条1項によると非常に厚く，譲受会社は無限責任を負い，時的な制限もない。事業譲渡が，経営が危機的状況にある会社によって，事業再生や倒産処理手続の一環として利用されている現実からすれば，会社法22条1項が譲受会社に過大な責任を課していることは，実際上の利用を阻害しかねない。会社法22条1項の責任の範囲が本来的に問題であったことや，商号続用のある事業譲渡について，商号続用よりも事業継続を主要な要素として捉えなおし，実質的な債権者保護を図るならば，同項による解決ではなく，同法23条の2による解決も目指されうることになる。学説においても，詐害的事業譲渡が行われることについて懸念されていたが，詐害性の意義については触れられていなかった。

3　詐害性の意義

　詐害的会社分割や詐害的事業譲渡の詐害性の意義や判断基準を，どのように考えたらよいか。平成26年改正会社法の立法担当者は，詐害的会社分割や詐害的事業譲渡における詐害性の意義は，民法上の詐害行為取消権の詐害性の意義を参考にするとしていた。そうすると，典型的には，債務者の財産処分行為によって債務超過となる場合が詐害性の要件に該当すると説明されてきており，それゆえ，会社分割により分割会社が債務超過になる場合をいうと解されることになる[19]。

　従来の判例は，会社分割における詐害行為に該当しうる事象として，計算上一般財産が減少したか否かという観点だけではなく，分割会社が設立会社に収益性のある財産を承継し，会社分割直後に分割対価として交付された設立会社株式を廉価で売却したこと，会社分割後に設立会社が第三者割当てによる新株発行を行い，分割会社が保有する設立会社株式の価値が希釈化されたこと，一般財産の共同担保としての価値を実質的に毀損して，債権者が自己の有する債権について弁済を受けることが困難になったと認められること，新設分割によって新設会社へ移転した事業の対価として分割会社へ交付された新設会社の株式が，非公開会社の株式であり換価困難であること，残存債権者と承継債権の債権者との弁済率に大きな差が出るのが債権者平等に反すること，重畳的債務引受がなされたこと等が示されていた。詐害行為を認定するときには，一部を切り出すか，スキーム全体として認定するか，いずれの可能性にも着目されている[20]。学説上は，重畳的債務引受や資産減少がなされたことによって，直ちに詐害性があると解することには問題があると解されている（第1章Ⅱ参照）。最判平成24年10月12日民集66巻10号3329頁は，詐害性については直接判断していないが，設立会社に承継される承継債権者と残存債権者の間に，弁済率において著しい不平等が生じることは債権者平等に反するが，これが詐害性に該当するという須藤正彦裁判官の補足意見が付されている[21]。この補足意見は，債権者平等に反する偏頗性を考慮に入れているが，その偏頗性の言及が，同一債務者における債権者に対する分配が不平等であるという倒産法上の典型的な偏頗

行為(破162条)を意味するものではなく，会社分割手続において，承継債権者と残存債権者が恣意的に選別されたことにより，残存債権者についてのみ共同担保が毀損されることを詐害性として捉えていることに注意が必要であるとの指摘がある[22]。

　会社分割や事業譲渡は，経営が危機的状況にある会社が，倒産処理手続のなかで行うことが多いといわれている。このような場合には，分割会社や譲渡会社の債権者の関心は，弁済率にあると思われるところ，上記の判例上の事象の結果として，会社分割によって弁済が困難になったり，弁済率が低下することになる。学説上，承継債権者と残存債権者との間で不平等な取り扱いがなされ，残存債権者に対する弁済率が低下する場合に，そのことが詐害性の本質であると唱える有力な見解がある[23]。会社分割後に，分割会社を清算する場合の弁済率が，会社分割を行わずに事業継続した場合や，そのまま清算した場合に債権者が手にすると想定される弁済率よりも低い場合も，詐害性があると述べる見解もある[24]。

　会社分割が倒産処理手続の一環として行われる場合，事業再生スキームの内容によっては，会社分割後にどの程度の弁済率が確保できるかということは，事業収益予測等の不確定要素に左右されるため，弁済率が流動的であることが問題となりうる。それゆえ，会社分割後に分割会社には新設会社の株式以外にみるべき資産がないというような極端な事例を除いては，弁済率を詐害性の指標にすることは事実上不可能ではないかと問われるのである。もっとも，この論者も，弁済の配分の適性を審査する客観的な判断基準を決定できないことから，事業再生スキームの内容として会社分割が行われた場合の実質的毀損の程度が明らかに高い場合は，詐害性があると述べるに留まっている[25]。

　詐害性があると解されるとしても，当初の予想よりも弁済率が低下することについて残存債権者が同意している場合には詐害性はないとする見解[26]や，このような組織再編により弁済率に影響があることについて総残存債権者が同意している必要があり，この同意をしていない残存債権者に対しては会社分割前の清算価値から算出される仮定的な清算配当に相当する弁済を行う場合には，詐害性はないとする見解がある[27]。会社の経営が危機的状況，債務超過の状態にあ

るときに会社分割を行うと，債権者に弁済率の低下という不利益を与える可能性があるので，分割会社の裁量的判断のみに合理性の判断を委ねられる状態にはない。[28]弁済率の低下は，詐害性に関して，確かに一定の意味をもつものである。しかし，これを画一的な詐害性の判断基準とすることは，各事案はそれぞれ多様な事実関係を有しているであろうし，本来考慮すべき事情が落とされるおそれもありうる。結局，詐害行為に該当しうる事象を個別的に検討し，詐害性の判断を行うことになるのである。

4　破産法上の否認の類型による整理

(1)　否認の類型

詐害行為に該当しうる事象に関する詐害性の判断は，破産法上の否認の類型に基づいて分類され，行われている。詐害性の分類は，適用条文に関する要件や基準等が異なる可能性があるため，重要な意味をもつとされている。このことは，破産法上の否認権のみならず，民法上の詐害行為取消権にもあてはまる。以下では，否認の類型ごとに詐害性の意義について検討する。

否認権は，財産減少行為（狭義の詐害性）と偏頗行為（偏頗性）を峻別して，二元的に，体系的に捉えられている。[29]そのうえで，詐害性は，狭義の詐害行為，相当対価処分，そして偏頗行為から分類されている。[30]

破産法160条1項は，詐害行為否認について規定している。時期を問わず，[31]破産者が破産債権者を害することを知って（詐害意思），責任財産を減少させる行為（詐害行為）をした場合（ただし受益者が詐害行為について善意であった場合を除く），破産者が支払停止または破産手続開始の申立後に詐害行為をした場合は，その行為は否認の対象となる。これは，責任財産を絶対的に減少させること（狭義の詐害行為）を否認するものである。

破産法161条1項は，相当対価否認について規定している。破産者がその財産の処分を相当価格で行ったが，当該行為が財産の種類の変更により，破産者において隠匿，無償の供与その他の破産債権者を害する処分をするおそれが現に生じている場合で，破産者が隠匿等の処分をする意思を有し，相手方がこれを知っていたときに限り，否認の対象となる。[32]

破産法162条1項は，偏頗行為否認について規定している。破産者が支払不能または破産手続開始の申立後に，既存の債務についてされた担保提供または債務の消滅に関する行為について，受益者が，その行為の当時，支払不能等について悪意であるときに限って，否認の対象となる。破産者の義務に属せず，またはその時期が破産者の義務に属しない行為であって，支払不能になる前30日以内になされたものも，否認の対象となる。これは，債権者平等を阻害する偏頗行為を否認するものである。

　これらの否認の類型をもとに，詐害的会社分割の詐害性の分類について検討する。

(2) **狭義の詐害行為**

　詐害的会社分割の詐害性について，多くの判例および有力な学説は，破産法160条1項が規定する詐害行為否認の狭義の詐害性から説明している。たとえば，会社分割により新設会社へ資産を移転し，新設会社へ移転し負担を免れた債務および新設会社から交付された株式を対価として，その対価が新設会社へ移転した資産の価額を下回る場合には，分割会社の財産が絶対的に減少したものとする見解がある[33]。この見解に対しては，債務の実価を考慮するということがやや技巧的であるとの批判がある[34]。実価で判断することについて，破産法160条2項は，財産の出入り計算を債務の実価ではなく名目額を基準に判断している。このことからも，詐害行為否認では，偏頗弁済のように債務の実価を問題とすべきではないと考えられている[35]。

　この学説から発展して，詐害的会社分割は，債権者平等に反する偏頗性を有している可能性があるものの，担保権設定や弁済がないことから直接の偏頗行為とはいえないが，会社分割による資産と負債の移動により，残存債権者にとって責任財産が絶対的に減少するとして，「偏頗行為への準備行為」として破産法160条1項の適用を認める見解がある[36]。しかし，この見解に対しては，債務の承継を対価として構成する必要はないが，破産法160条1項は同法162条1項が規定している偏頗性，すなわち債権者平等とは別個独立した規定であるにもかかわらず，債権者の不平等な取扱いが問題になっているのではないかと

いう疑問が呈されている[37]。さらに、準備行為の否認は、隠匿や無償供与という狭義の詐害行為の準備を指しているため、この見解が唱える偏頗行為の準備行為は対象外であることや、清算配当率の低下を詐害性として捉える場合、債務超過後の弁済行為が破産法160条による否認の対象となりかねないとして[38]、これと区別して同法161条の相当対価否認が規定されていることに反することからも批判されている[39]。

　一方、破産法161条1項や162条1項の対象となるものを除き、160条1項の適用対象として、これを一般規定として捉える見解がある[40][41]。この見解によると、債権者平等を害することについて、破産法160条で整理することになり、否認権制度が財産減少行為（狭義の詐害性）と偏頗行為（偏頗性）の二元的構成を取っていることを否定することになるという難点がある[42]。判例や多くの学説が、詐害的会社分割が偏頗性を有しているにもかかわらず、あえて破産法160条1項の詐害行為否認から説明している背景には、以下で検討するとおり、162条1項の偏頗行為否認によると、時的基準により否認の対象が限定されて妥当な解決が図れないこと[43]、受益者すなわち承継債権者の悪意についての解釈が困難であることが影響していると考えられる。

　なお、事業譲渡は財産上の行為であり、個別承継のため相手方の同意が必要であるため、会社分割とは行為の性質が異なる。しかし、承継の対象とならない譲渡会社の債権者は、その対価が廉価であれば、破産法160条1項の否認権行使が認められることになる。対価として、債務が承継されることによって譲渡会社が免れる債務あるいは譲受会社から交付される金銭や株式等がある。相当な対価であったとしても、対価の隠匿等の処分をするおそれを現に生じさせるものであれば、破産法161条1項の適用が問題となるのは、会社分割の場合と同様である[44]。

(3) 偏頗行為

　詐害的会社分割の詐害性について、承継債権者と残存債権者の不平等という偏頗性により、破産法162条1項から説明する学説も多い[45]。この学説に対しては厳しい批判がある。すなわち、第一に、偏頗性とは、同一債務者における責

任財産の分配に関する概念であり，会社分割当事会社である分割会社と承継会社等は異なる法主体であるから，そこで弁済率が異なるとしても法的な意味での偏頗性に該当しない。第二に，破産法162条1項が規定する担保提供や債務消滅と，承継会社等の事業継続による将来収益からの承継債権者への弁済は同視できない。第三に，会社分割による分割会社から承継会社等への資産移転は債権者ではなく第三者（承継会社等）への分配であり偏頗行為に該当しない。第四に，詐害的会社分割を偏頗行為と捉えるならば受益者が承継債権者になり，破産管財人が承継債権者の支払不能に関する悪意を立証することは困難であり，偏頗行為否認を主張することには現実性がない。以上が指摘されている[46]。

以上の批判は，詐害的会社分割が，偏頗行為否認の予定する枠組みに当てはまらないことから[47]，詐害性の本質を偏頗性に求めることは困難であるとしている。しかし，担保提供や債務消滅については，会社分割により承継会社に移転した優良資産は，機能としては，承継会社に移転した債権者に，承継会社に移転した資産について担保権を設定したのと経済的に等しいと評価することも可能であると解される[48]。会社分割による資産移転が債権者ではなく第三者へなされることや，承継債権者の悪意の立証の問題は，解決が難しい。しかし，会社分割によって承継債権者のための引当財産として承継会社等へ資産移転があったとするならば，承継会社等は承継債権者のために当該資産を保持している関係に立つことになる。それゆえ，承継会社等および承継債権者に対して否認権や詐害行為取消権を行使することが可能であると解される[49]。

偏頗行為否認が時的基準の制約を有している問題については，支払不能の認定をより柔軟に行うことで，一定の問題解決になると解されている[50]。支払不能の概念は，支払不能の状態になる時期には幅があると考えられる。法人の破産手続開始原因の債務超過は（詐害行為取消権における詐害要件にも該当する。），一般に，支払不能に先行する場合が多いと理解されているが，資産状況によっては支払不能のほうが債務超過よりも早く到来する場合があるし，履行期の到来した債務を基準にするとしても，現在の弁済能力の一般的欠乏で判断されればよいことから，支払不能の時期が必ずしも遅いとは限らないと指摘されている[51][52]。

以上のような批判があるとしても，詐害的会社分割は，経済的実質からみる

と偏頗性を有していることは明らかであり，債権者不平等こそが詐害性の本質であるとする判例や学説が存在することは評価されるべきである。破産法162条1項ではなく，敢えて同法160条1項の詐害行為否認から説明することが技巧的であることも否定できない。

(4) 相当対価処分

詐害的会社分割の詐害性について，破産法161条1項を含めて捉える学説がある。本規定は，責任財産の実質的減少を防ぐために，当該行為について否認可能性を認め，一方で，受益者の利益を害しないために，一般の詐害行為否認よりも厳格な要件を設けている。例えば，取得した株式を無償または廉価で第三者に譲渡したり，それと同視できるような行為を行ったりすることが想定されている。破産法161条1項は，予見可能性の観点を有するものではあるが，行為後の事情に着目するのではなく，あくまで行為時における隠匿等の処分の現実のおそれを要求しており，かなり具体的かつ限定的なものであると解されている。そして，具体的な認識を有する関係人の間の行為についてであれば，行為当時に債務超過であったとはいえない場合でも，それを予測して行動している以上，否認権行使時までに債務超過に至っていた場合には否認が可能であると考えることもできるといわれている。

会社分割は，承継資産と承継債務の価値に等しい新設会社の株式を対価として取得するものであり，承継債務を額面額で評価するのが適切であるという見解がある。会社分割による資産移転に着目し，破産法161条1項による否認権行使のメルクマールとなる詐害性の有無は，会社分割に係る間接事実から総合的に判断するとしている。その他，詐害的会社分割は計算上分割会社の総財産は減少していないが，一定の場合に否認対象となるとして，この学説に賛成する見解もある。

相当価格で処分して得た対価をもって，偏頗行為に該当する弁済を債権者に対して行った場合，これは合理的行為であり，隠匿等の処分ではないため相当対価否認に該当せず，偏頗行為否認に分類されるとする説があった。しかし，この事例は受益者である相手方において債権者に偏頗的効果を及ぼす行為への

関与の程度が強いことから、隠匿等の処分と弁済を別異に判断し、相当対価否認が適用されると反論されている[60]。また、株式を無償または廉価で第三者に譲渡すると、株式の価値が稀釈化されることになるが、当該譲渡が会社分割の時に既に予定されており、このことにより債権者が害されることを譲渡の相手方が知っているときは、相当対価否認の対象に該当すると解されている[61]。

判例上、破産法161条1項の否認権行使を認めた事案もあるが、この学説も、隠匿等の処分の範囲が問題となり、どのような場合に否認に該当するのか不明確であるという難点を有している[62]。

(5) 小 括

詐害的会社分割の詐害性は、否認の類型をもとに、学説上検討されてきたが、各学説はいずれも難点を有している。破産法162条1項に関する問題は、正面から解決されているとはいえないが、偏頗性を有し、かつ責任財産の減少がないという場合にも、160条1項を一般規定であるとして適用することも困難であるといえるのではないだろうか。さらに、上記の否認の類型に複合的に当てはまる可能性があり、必ずどれか一つに当てはめられるものでもない[63]。

そして、詐害的会社分割については、いずれの学説も、偏頗性すなわち債権者間の不平等が問題となるのは認めているところである。そこで、詐害的会社分割における詐害性の意義について、債権者平等を基軸として、再検討を試みることが考えられる。詐害性の判断は、破産法162条1項の偏頗性に付加的な考慮要素を含めて、総合的に行うことが可能ではないか、ということである。

以下では、詐害行為取消権における詐害性の捉え方および債権者平等を分析し（本章Ⅱ、Ⅲ）、その結果を踏まえて、詐害性の意義の再検討を行うこととしたい。

なお、破産法上の否認権の類型とは全く異なるアプローチにより、詐害的会社分割の詐害性の意義を捉える見解がある。すなわち、責任財産の恣意的な切り分け、資産や負債の分配、残存債権者と承継債権者の弁済率の不平等は、残存債権者保護の必要性を示す一徴表といえるが、詐害性を示す明確な基準とはいえないとする。そして、このような責任財産の恣意的な切り分けは法人格を

濫用するものであり，法人格否認の法理による解決が望ましいのではないかという見解である[64]。さらに，平成26年改正会社法が規定している直接履行請求権は，法人格否認の法理の要件を明確化し，利用しやすくしたものであると説明する見解がある[65]。もっとも，この見解は，法人格否認の法理が利用される局面から，詐害性の意義を明瞭に示しているが，実際の法人格否認の法理の適用については述べていない。

II　平成29年改正民法の規定の位置づけ——詐害行為取消権

1　詐害行為取消権の性質

ここでは，平成29年改正民法において新設された詐害行為取消権の特則について検討する。詐害行為取消権の性質を概観したうえで，破産法上の否認権との関係について分析を行う[66]。

詐害行為取消権の性質としては，詐害行為取消訴訟の効力が，債権者と受益者との間でのみ生じるという相対的なものであるとされている。そして，受益者または転得者を被告とすれば足り，債務者を被告とする必要はなく，受益者と転得者のいずれに対し訴えを提起するか取消債権者の任意である。原状回復については，相手方が債務者の財産を所有するときは現物返還，それが不可能または困難であるときは価額償還を求めることができ，法律行為の取消のみを詐害行為取消訴訟において求めることも可能であるとされていた。（大判明治44年3月24日民録17輯117頁）[67]。

これに対して，学説からは以下のとおり批判があった。すなわち，詐害行為取消権訴訟の効力を相対的に構成すると，逸出財産の取戻しは，共同担保の保全という目的を超えて，債務者の処分可能性の回復までも認めることになり，また，詐害行為取消の効果が総債権者のために生じるという民法425条と矛盾することになる。債務者に取消の効果が及ばないのは致命的な欠陥であり，当事者ごとに効力が相対的に及ぶとすると，法律関係が錯綜し，かえって取引関係が複雑になること等である[68]。

第3章　わが国における課題検討

　平成29年改正民法は，上記の点を考慮して，詐害行為取消権に関する規定を調整した。詐害行為取消を認容する確定判決の効果は，債務者に及ぶ（民425条）。詐害行為取消訴訟の相手方は，受益者または転得者であり，債務者は含まない（民424条の7）。原状回復に関しては，現物返還を原則とし，それが不可能または困難であるときは価額償還の方法により（民424条の6），金銭の支払いや動産の引き渡しの場合には，取消債権者への直接交付を認めるとした（民424条の9）。詐害行為取消権の性質について唱えられていた責任説は，これにより否定されたと解されている[69]。もっとも，確定判決の効果が債務者に及ぶとしたことは，詐害行為取消権が行使されて取消が認められ，受益者等が金銭の支払などを命じられる場合には，債務者も相手方，受益者等に対して金銭債権をもつことになり，他の債権者による当該債権への強制執行などが考えられるという新たな問題が生じていると指摘されている[71]。

　詐害的会社分割の局面においては，詐害行為取消権の相対効は，会社分割無効の訴えが法律関係の画一的確定等の観点から存在していることと比較されうる。判例および通説は，残存債権者は，会社分割無効の訴えの原告適格を有しないとしている。これに対して，会社分割後も引き続き分割会社に請求できる債権者は，債権者異議手続の対象とならず，会社分割について承認もしていないため，会社分割について承認をしなかった債権者に該当するとして，提訴権者に含むと唱える見解がある[72]。その他，分割会社がすでに実質的に債務超過であり，債務履行の見込みがほぼ無い場合や，実質債務超過状態が会社分割により一層悪化する場合，会社分割により実質債務超過状態に陥り，債務履行の見込みが大幅に低下する場合には，会社分割無効の原因があるとする見解もある[73]。

　しかし，会社分割を早期に安定させるという観点からは，会社分割無効の訴えを提起して画一的に無効とするよりは，実質的な利益衡量を行い，会社分割の存続保護ないし事業継続に配慮して，詐害行為取消訴訟が検討されることになるであろう。

2　破産法上の否認権との関係

(1)　概　観

　民法上の詐害行為取消権と破産法上の否認権は，別個の制度であるが，沿革上，起源を同じくしており，目的も共通している。否認権は，詐害行為取消権を拡大強化するものであると理解されている[74]。詐害行為取消権に与えられた本来の使命は，強制執行の準備，すなわち責任財産を減少させる債務者の行為（財産減少行為）を否認することで責任財産の回復を図り（共同担保の保全），後に続く強制執行に備えるという点にあると強く唱えられている[75]。詐害行為取消権は，それ以上に倒産法の領域にはみ出るものではないが，このような使命から，詐害行為取消権は倒産法上の否認権と一貫性を有しており，価値秩序として矛盾しないものと理解されるべきであると主張され，連続性をもって捉えられている[76][77]。平成29年改正民法により詐害行為取消権の特則が規定され，否認権と連続性を持たせることになったが，詐害行為取消権は，従前よりも行使要件が厳格になっていると考えられる。

　平成29年改正民法による詐害行為取消権制度には，破産法上の否認権と同様に，集団的な債権処理の視点が組み込まれているが，詐害行為取消権の制度の中で達成されようとしている目的が，多様化・複合化していると指摘されている[78]。当該制度は，旧民法下における支配的見解と同様に，「特定の債権者を利する行為」（偏頗行為）も詐害行為取消権の対象としている。これは，詐害行為取消権がとりわけ私的整理の局面において簡易破産の機能を担っているという実態を反映させることによるものであるが[79]，理論的には後に続く執行段階において債権者平等を実現するための前提を整えるという目的も含まれているものとみることができるとされている[80]。それゆえ，破産法上の概念である債権者平等を倒産の状態にない場合にどのようにあてはめられるのか検討する必要がある（本章Ⅲにおいて検討する）。わが国の詐害行為取消権は，さまざまな国の影響を受けて現在の規定となっているが，ドイツの倒産法と債権者取消権法が根源を同じくしていること，ドイツの倒産法はわが国の破産法の母法であることから，ドイツ法の捉え方と類似性をもっていることが指摘できる。

第3章 わが国における課題検討

(2) 一般的詐害行為取消権

　民法424条1項は，一般的な詐害行為について，詐害行為取消権の要件として，債務者が債権者を害する法律行為（詐害行為）をしたこと，債務者が債権者を害することを知ってしたこと，受益者および転得者が債権者を害すべき事実を知っていたことを規定している。ここでは，行為の「詐害性」という客観的要素と，債務者による「詐害意思」という主観的要素があり，いずれかで定まるものではなく，両者の相関関係で総合的に判断するものといわれている[81]。従前，民法424条1項が規定する「債権者を害する」とは，債務超過を意味すると解されてきた[82]。債務超過の意味は明確ではないものの，破産法16条1項が規定する破産手続開始原因としての債務超過とほぼ同義であると考えられる[83]。民法424条1項の一般規定と，同法424条の2以下の特則との関係について，これらの特則規定に該当しない場合には，同法424条1項の一般規定に立ち返って適用することが認められるのか，行為類型が近接する特則の規定を適用ないし類推適用するのかという問題が存在する[84]。詐害的会社分割に対して，一般規定である民法424条1項は，狭義の詐害行為に限定されないとして，特則規定に該当しない範囲で行使されるとの見解が唱えられている[85]。詐害的会社分割に関して，詐害行為取消権がどの類型に該当するとして行使されるかは明らかではなく，解釈に委ねられている。

(3) 相当対価処分行為

　民法424条の2は，相当の対価を得てした財産の処分行為の特則として，破産法161条と同様の枠組みを採用している。すなわち，相当対価処分行為には原則として詐害性を否定し，例外的に，その行為により債務者が隠匿等の処分をするおそれを現に生じさせるものであること（同条1号），隠匿等の処分をする意思を有していたこと（同条2号），受益者がその行為の当時，債務者が隠匿等の処分をする意思を有していたことを知っていたこと（同条3号）のいずれの要件にも該当する場合に限り，詐害行為取消権を行使できると規定し，破産法の否認権との連続性・同質性を確保している[86]。これは，相当対価処分行為を原則として詐害行為取消権の対象とすると，取引の相手方を萎縮させ，経済的危

機にある債務者から再建の機会を奪うおそれがあること，否認権の対象とならない行為について詐害行為取消権の対象とすることを認めると，平時における債権者が詐害行為取消権を行使できるにもかかわらず，破産手続開始後における破産管財人が否認権を行使できないことになり，整合性がないことから導かれている[87]。

相当対価による財産処分によって取得した対価が現存する場合は，有害性を欠いているため，民法424条の2は適用されない[88]。

隠匿等の処分をするおそれを現に生じさせるものであることの解釈は，判例および学説で議論されており，具体的な危険が認められる場合，処分前後の財産の種類の変更から隠匿等が行われる蓋然性があることと解されている[89]。判例は，詐害的会社分割によって，新設会社から対価として換価困難な非公開会社の株式が交付されたことについて，対価が相当であっても，分割会社の一般財産が毀損され弁済が困難になるとして，詐害性を認める傾向にある。学説上は，判例と同様に詐害的会社分割によって承継財産が設立会社の株式に転換することが，隠匿等の処分のおそれに該当するという見解もあれば[90]，判例が示してきた「換価の困難性」について，むしろ隠匿等の処分がしにくい財産に変更されている場合は，詐害性は認められないとする見解もある[91]。

しかし，会社分割や事業譲渡の後，さらに他の法律行為を行うという事業再生スキームが組まれる場合，後者の法律行為に，本条の構成が現れることがあると考えられる。すなわち，債務者が隠匿等の処分をするおそれを現に生じさせ，債務者が隠匿等の処分をする意思を有し，受益者がこれを知っていたことである。例えば，福岡高判平成23年10月27日（第1章Ⅲ1会社分割の判例(1)⑦）は，新設分割の後，分割会社が当該分割により割り当てられた新株を著しく低廉な価格で譲渡をした等の事情があった。本件について，裁判所は「本件会社分割は，本件株式譲渡及び本件増資と一連一体のものというべきであるから……実質的には……本件貸金の債権回収を著しく困難にさせる行為ということができる。そうすると，上記一連の行為は，債務者であるY1の責任財産である一般財産を減少させて，債権者であるXに満足を得られなくするものであるから，Xを害する行為といわざるを得ない。……以上からすると，本件会社分

割は詐害行為を構成することとなる……。」と示している。会社分割や事業譲渡に続く他の行為を一連の事業再生とみて，民法424条の2による詐害行為取消権によって取り消す可能性が開かれていると解することができると考えられる。もっとも，どこまでを一連の事業再生とみるかという問題については，破産法161条1項と同様に，限定的に捉えていくことになるであろう。

なお，民法424条の2における債務者の主観的要件は，債権者の権利実現を妨げる意図があることを意味すると解されている[92]。会社法は，詐害的会社分割における残存債権者保護の直接履行請求権行使の要件として，分割会社が残存債権者を害することを知っていることを要求しているが，これは，分割会社が残存債権者を害する意図までも要求するものではない[93]。

(4) 偏頗的行為

民法424条の3は，特定の債権者に対する担保の供与等の特則として，破産法162条と同様の枠組みを採用している。すなわち，一部債権者への弁済等の債務消滅行為，一部債権者のための担保供与等の偏頗行為について，詐害行為取消権の客観的要件として，偏頗行為の時点で債務者が支払不能であり，主観的要件として，その行為が債務者と受益者とが通謀して他の債権者を害する意図をもって行われたという通謀的害意があるときは，詐害行為取消権請求をすることができると規定している。これらの行為が，債務者の義務に属せず，またはその時期が債務者の義務に属しない行為であって支払不能になる前30日以内になされたものも，否認の対象となる。分割会社が資産および負債を恣意的に承継させるような会社分割を偏頗性があると評価する場合，偏頗行為の時点で分割会社が支払不能であること，履行期前の債務を承継させる場合は，分割会社が支払不能になる前30日以内に承継させたことが必要となる[94]。支払不能時を基準とすることで，破産法上の否認の対象とならない偏頗行為が詐害行為取消の対象となることが避けられると解されている[95]。

支払不能の客観的要件は，平時と倒産時の平仄を合わせるために規定されたが，取消権者と破産管財人の間には，権利行使の目的や地位に相違がある。破産管財人は，破産手続開始決定があった後の時点において，破産者の行為を回

顧的に評価して，否認の要件事実を証明すればよいが，取消債権者は，流動的な状態の下，支払停止・破産手続開始の申立が将来生じるかどうかも不確定な時点で，債務者の行為が現に債権者を害することを証明する必要があり，これは過重な負担となる。それゆえ，詐害行為取消権については，その行使を困難にし，その機能を大きく制約することになるという問題が指摘できる。他方で，詐害行為取消権の行使が否認権の制約を超えて認められるという制度の意義は，破産に至らない状態での取引秩序の維持，私的整理の規律および私的交渉の促進という面から説明することができるといわれている。[96]

会社分割を偏頗的行為として詐害行為取消権を行使する場合には，受益者の悪意に関する問題が存在する。これは，破産法上の偏頗行為否認の場合と同様に，承継会社等は承継債権者のために会社分割により資産の承継を受けているとして，承継会社等を受益者として捉えることで解決することになるであろう。

会社法は，残存債権者の直接履行請求権の行使要件として，分割会社と承継会社等の通謀的害意を規定していない。民法424条の3が規定する債務者と受益者との通謀的害意に関して，最高裁昭和33年9月26日判決（民集12巻13号3022頁）は，履行期に債務を弁済するのは当然の義務であり，一部の債権者への弁済は原則として詐害行為とはならないが，債務者が一債権者と通謀し，他の債権者を害する意図をもって弁済したような場合にのみ例外的に詐害行為となると示していた。本判決は，本旨弁済の詐害性の具体化を目指し，弁済はすでに存在している義務の履行であり，債権者平等の原則は，倒産手続のなかで初めて生ずるものであるから，債務超過の状態にあって一債権者に弁済することが他の債権者の共同担保を減少する場合においても，当該弁済は原則として詐害行為にならず，ただ，債務者が当該債権者と通謀し，他の債権者を害する意図を持って弁済したような場合にのみ詐害行為になると解されていた。[97]すなわち，詐害性の弱い偏頗行為等，客観的要件における悪性が弱いときは，通謀的害意という主観的要件の悪性の強度が要求されるものと解されており，これは，学説上概ね支持されているように見受けられる。[98]以上からは，詐害的会社分割を偏頗行為と解するならば，分割会社と承継会社等との間に通謀的害意が必要になると解することもできることになる。[99]しかし，一方で，債権者の通謀

的害意という主観的要件は，債権者の態様の評価によって，債権回収が制約される場合を認めるべきこととなってしまうという問題が指摘されている[100]。

詐害行為取消権は，破産法上の否認の類型の構成とは異なり，民法424条を一般規定として位置づけているため，この趣旨をどのように考えるか問題となる。学説上，詐害的会社分割は，狭義の詐害性と偏頗性の両方の性質を含みうることを念頭において，偏頗行為に該当すると解される場合のみに民法424条の3が適用され，それ以外は一般規定に戻って同法424条の適用を受けるとする見解がある[101]。しかし，詐害行為取消権の行使対象は，債権者平等取扱に反することが本質的な問題であることは認められると考えられる。そうであるならば，詐害的会社分割は，いずれも偏頗的行為に該当すると捉えることも可能となるのではないだろうか[102]。

詐害行為取消権は，執行段階における債権者平等を実現するための前提を整えるという目的も含んでいると解されている。それゆえ，破産法上の否認権と同様に，債権者平等を基軸として，詐害的会社分割における詐害性の意義，そして詐害行為取消権の適用条文を再検討する必要があると考えられる。

3　平成26年改正会社法の規定との関係

平成29年改正民法および平成26年改正会社法の立法経緯から，民法上の詐害行為取消権および破産法上の否認権から導かれる詐害性の意義は，会社法上の直接履行請求権，そして詐害的会社分割や詐害的事業譲渡における詐害性の意義と密接に関係していることがわかる。詐害性の意義については，次のⅢ債権者平等において検討することにして，ここでは詐害行為取消権と会社法上の直接履行請求権との棲み分けについて確認する。従前から，民法上の詐害行為取消権と会社法上の直接履行請求権の行使について，関係性が問題となっていたが，両者は制度趣旨や効果において相違点があるため併存し，引き続きいずれも行使可能とされている[103]。詐害行為取消権は，転得者に対しても行使できるが，会社法上の直接履行請求権は転得者に対して行使することはできない。それゆえ，詐害的会社分割や詐害的事業譲渡が行われ，承継会社等が承継した資産を第三者に譲渡した場合には，残存債権者を保護する手段として，詐害行

取消権が用いられることになる。民法424条の5は，受益者および転得者の主観的要件として，詐害行為の時点で（転得者は転得の時点で）債権者を害することを知っていることを規定している。転得者に対して詐害行為取消権を行使する場合，受益者に対して詐害行為取消権を行使できることが前提となっているため，受益者の悪意についても取消債権者が証明責任を負う可能性があると解されている[104]。

　詐害行為取消権の請求は，訴えの提起によることが必要であり，詐害行為取消を認容する確定判決の効果は債務者に及ぶ。会社法上の直接履行請求権は，訴えによる必要はなく，裁判外の請求によることもできるが，訴えを提起し直接履行請求を認容する確定判決を得たとしても，その効果は当事者にしか及ばない。ゆえに，詐害行為取消が認容された場合には，分割会社が債権者より先に承継会社等から価額償還を受ける可能性があるため，債権者としては，承継会社等から直接被保全債権に相当する金銭を回収することができないおそれがあること[105]，当該認容判決によって分割会社が有することになる金銭債権について，分割会社の他の債権者が当該債権へ強制執行を行う可能性があること[106]に注意が必要となる。

　詐害行為取消権によると，詐害行為の取消の請求とともに，逸出財産の現物返還，またはそれが不可能なときは価額賠償を求めることができる。会社分割の取消を求めることも可能である。これに対し，直接履行請求は，自己の債権についての履行請求にすぎず，会社分割の取消しを求めるものではないこと，分割会社について破産手続等が開始されたときは，詐害行為取消権は破産管財人が承継するが[107]，直接履行請求権は行使することができず，すでに直接履行請求権が行使されていたとしても破産管財人には承継されない[108]。会社法上の直接履行請求は，残存債権者保護に関する判例法理を明文化したと理解できる。残存債権者が，どの部分を取り消そうとしているのか，求める保護のあり方によって，いずれの請求権を行使するかが決められることになる。

第 3 章　わが国における課題検討

Ⅲ　債権者平等

1　概　観

　以上の検討より，破産法上の否認権と民法上の詐害行為取消権は，類型ごとに濃淡はあるにせよ，詐害性の意義について，債権者平等を基礎として制度設計がされていることがわかった。

　従前から，詐害的会社分割や詐害的事業譲渡の詐害性は，破産法上の否認権や民法上の詐害行為取消権の行使に際して，狭義の詐害性と偏頗性のいずれから捉えられるべきかということが問題となっていた。そこで，債権者平等を基軸として，詐害性を再検討することを試みる。以下では，まず，債権者平等の原則が，わが国においてどのように理解されているかを概観する。そして，ドイツ法の検討結果を踏まえつつ，破産法上の否認権や民法上の詐害行為取消権を行使する際の詐害性の意義は，平時と倒産時の区別なく，債権者平等すなわち偏頗性として捉えられるか，実際上の詐害性の判断には偏頗性の他に付加的な考慮要素が必要となるか，そして債権者平等と事業継続が拮抗するような場合にどのように対処するかについて考察する。

　債権者平等の原則とは，多義的である。債務者の一般財産を引当てとする一般債権者が複数存在している場合には，執行段階では各一般債権者は相互に優先することなく，各自の債権額に応じて債務者の一般財産から平等に分配を受けること，すなわちいずれの債権も法的には同価値であり，発生の前後，債権の種別により優劣はないという債権の平等性を意味すると説明される[109]。そして，債務者の財産が複数の債権者の総債権を満足させるに足りない時は，各債権者はその債権額の割合に応じて弁済されるという比例弁済原則に依ることになる。債権者平等の原則は，実体法から手続法において，債権が発生の前後による優劣がなく平等であるという非優先性の例外が各場面に応じて実質的に判断され，比例弁済に伴うコストの負担に関する制度的制約の相違を鑑み，あてはめられる[110]。倒産処理手続においては，債権者平等の原則を基礎として，一定

125

の場合には，債権の発生原因，倒産の原因，倒産処理の迅速な実施等の個別具体的な事情を考慮に入れた修正がなされている[111]。ドイツでは，債権者平等は破産法上の否認権における詐害性の判断の基礎として存在しているが，あくまで間接的なものであり，正面から判断材料とされるものではないと考えられている。

　債権者平等は，倒産処理手続に至る前の段階でも適用されるのか，適用されるならば，債権者平等による公平の理念が民法の一般原則にまで効果が及ぶことになるのではないかということが問題となる。平時と倒産時，すなわち民法と破産法が適用される時期は支払不能が分断し，支払不能の概念は早い者勝ちの世界と債権者間の平等の世界の分水嶺であるといわれていた[112]。これは，支払不能時を厳密に示すことが困難であるという問題とも関連している[113]。この問題については，按分弁済を否定することが直ちに債権者の公平を一般的に否定するものではないこと，平時における債権者平等とは平等な取引機会が与えられることであり，取引結果の平等を保障するものではないこと，平等に弁済を受ける機会が保障されていれば，債権者平等は満たされていると理解することが可能であるとして，実質的な平等の面から捉えることができると説明されている[114]。そして，平成29年改正民法により新設された詐害行為取消権の特則は，破産法上の否認権と平仄を合わせて規定されていることから，債権者平等も考慮されているものと考えられる。また，詐害行為取消権は，執行段階における債権者平等を実現するための前提を整えるという目的も含んでいると解されている。ゆえに，債権者平等は，平時および倒産時を通して，あてはめられる概念となっている。

　次に，債権者平等は，形式的平等と実質的平等のどちらの意味を有するのであろうか。倒産法領域においては，債権額に応じた按分配分が必ずしも実質的平等に資するとはいえないとして，プロセスに重点を置いた衡平性に着目する見解がある。この見解は，形式的平等は結果的な完全平等を実現できないこと，債権者と債務者の利害調整を行う場面において，手続面の衡平性を積極的に考慮することで，実質的な債権者平等が図られることを唱えている[115]。この見解は，倒産処理手続においては全ての利害関係人が完全な満足を得るというこ

とはないため，誰かの犠牲の下にある債権者の優先が図られることになり，結果としてさらなる不平等を招くということ[116]，この見解が示す実質的平等を図る基準があまりに不明確で客観的ではないこと，関係者全員と議論交渉を行うことになるが，手続が長期化することから批判されている[117]。債権者平等は，債権者や利害関係人に予測が可能である客観的で相当な基準で判断されるべきであるといえる[118]。債権者平等は，破産法および民法に連続する理念とされているが，平時は優先主義が排除されていないため，平時と倒産時で完全には一致せず，類似性をもつものと理解できる。民法上は，債権者平等取扱の意味といえよう。

債権者平等は，倒産手続においても全ての債権者の平等を実現する形式的平等を図るものではなく，あくまで優先的地位を与えられていない債権者間の平等を意味するものである[119]。債権者平等は，否認権や詐害行為取消権の行使における詐害性の判断に関わる基礎的な概念としての位置づけではあるが，実質的平等の意味は画一的に示されるものではない[120]。

2 詐害性の判断基準としての債権者平等

(1) 詐害性の判断基準

以上の検討のとおり，詐害的会社分割の詐害性について，多くの判例および有力な学説は，狭義の詐害性から説明しているが，偏頗性に言及する判例や学説もあった。いずれの学説においても，偏頗性すなわち債権者間の不平等が問題となることは認められている。債権者平等は，破産法上の否認権および民法上の詐害行為取消権において，共通して詐害性の要件としてあてはまる。詐害性を偏頗性から説明する学説は厳しく批判されているが，これらの批判に理論的に対応できていると解すると，偏頗性から説明することが可能となる。

しかし，債権者平等が害される場合に，債権者平等のみを基準として，破産法上の否認権や民法上の詐害行為取消権の行使が可能になるとは結論できない。詐害性の判断において，債権者平等は，基礎的な位置づけにある。詐害性の判断においては，債権者平等が害されていることに加えて，否認権や詐害行為取消権の行使の相手方が，詐害的会社分割や詐害的事業譲渡といった具体的

な対象において，どのような法律行為を行い，どのように認識していたかということを検討することになると考えられる。

　従来の狭義の詐害性から捉える学説については，債権者平等を基礎として，問題となっている事象の具体的な事案の概要を考慮に入れることで，これと同様の解釈をすることができるのではないかと考えられる。相当対価処分として捉える学説についても，債権者平等を基礎として，行為時における隠匿等の処分の現実のおそれという予見可能性の観点から，会社分割に係る間接事実を総合的に判断することで，これと同様の解釈をすることができるのではないかと考えられる。事業再生スキームにおいて債権者が害されるという場合は，どこまでを一連の事業再生とみるかという範囲も問題となるが，債権者平等を基礎として，事業再生の成功の見込み等も含めて具体的な内容を勘案して判断するとすれば，妥当な解決が導かれるのではないだろうか。偏頗性から捉える学説についても，債権者平等のみを判断基準とするのではない。ただ債権者平等が害されているだけではなく，否認権や詐害行為取消権の行使の相手方の行為態様，その行為が債権者を害することの認識のあり方を判断対象とするのである。

　すなわち，詐害性は，債権者平等を基軸として幅広く捉えられたうえで，さまざまな行為態様を含めて判断され，範囲が狭められていくものであるとする。詐害性の判断基準は，このように再構成することができるのではないかと考えられる。このように再構成することが可能であれば，次に，詐害性の判断基準における付加的な考慮要素の内容が問題となる。

(2) 付加的な考慮要素

　詐害性の判断基準として，まず，ある法律行為について，債権者平等が害されているかを確認する。そのうえで，当該法律行為について，債務者が債権者を害する意思を有していたか，自己の行動が債権者を害することを知っていたか，少なくとも害するおそれがあることを知っていたか，債務者が支払不能であるか，支払不能に陥るおそれがあると知っていたか，支払不能かそれに近い状態にあるにもかかわらず，場当たり的な対処を続けて事業再生の見込みを失ったか等の行為態様を，総合的に判断していくことになる。例えば，ある会

社が会社分割を行う際に，具体的な事情を示して，近い将来，これが総債権者の満足に資するものであることが認められるのであれば，詐害性は有しないことになる。事業再生スキームのなかで会社分割や事業譲渡を行う場合に，事業再生の成功の見込みがあり，短期的に残存債権者に不利益があるとしても，将来的に妥当な見通しを示すことができれば，詐害性の認められない事業再生スキームとして考えられることになる。

債権者平等が害されており，その他の行為態様を含めて総合的に判断を行い，詐害性があるとされる可能性があっても，その詐害性を退けることのできる事情があるか，さらに判断されることになる。債権者平等が害されうる可能性があったとしても，これについて総債権者の同意がある場合や，合理的な理由のある反対がなかった場合[121]は，詐害性はないと判断されることになる[122]。

わが国では，経営が危機的状況にある会社が会社分割を行なう場合であっても，残存債権者に情報提供する義務はないが，ドイツ法の検討から示唆を得ると，残存債権者に不利益となる可能性が高いならば，その情報を残存債権者に対して提供しないこと自体が，役員の責任追及の対象となりうると考えられることになる。

3　事業継続

ここまで検討してきたように，詐害的会社分割における残存債権者の保護に関連して，詐害性の意義やその基礎的な位置づけである債権者平等を問い直すことは，事業の継続性や事業再生のあり方についても示唆を与えるものなっている。

いったん無資力の状態に陥った会社であっても，その後回復して事業を継続する場合がある。事業再生スキームにおいては，事業継続が前提となっている。それゆえ，支払不能の意義は，事業の継続性を排除しない形で理解される必要がある[123]。判例上，事業再生ADRの手続に関連して，合理性のある再建方針や再建計画が主要な債権者に示され，これが債権者に受け入れられる蓋然性があると認められる場合には，支払の免除または猶予の要請と，事業再生ADR手続の申請に関する説明を行ったことは支払停止に当たらないと示され

た事例がある（東京地決平成23年8月15日判タ1382号349頁[124]）。本件には，須藤正彦裁判官の補足意見として，「一定規模以上の企業，特に多額の債務を負い経営難に陥ったが，有用な経営資源があるなどの理由により，再建計画が策定され窮境の解消が図られるような債務整理の場合において，金融機関等に『一時停止』の通知等がされたりするときは，『支払の停止』の肯定には慎重さが要求されよう。」と付言されている[125]。これは，債務者による事業再生ADRの利用機会の促進という観点，政策的な意味から妥当であるとする見解がある[126]。一方で，再建計画案が合理的であり，債権者が受け入れる合理的な蓋然性があったとしても，再建計画の成立に向けて債務者と債権者とが交渉している間に，一部債権者が秘密裏に弁済を受け，担保の提供を受けることは，結局交渉が決裂して倒産手続が開始された場合には，それらの弁済や担保提供は偏頗行為として否認されるべきであり，一部免除や再建計画案といった猶予の申出があれば，その合理性や債権者による受入れの蓋然性の如何を問わず，支払停止に該当すると考えるべきだと唱える見解がある[127]。

　事業譲渡において，承継された債務の額を事業譲渡の対価から差し引くことは，譲受会社が譲渡会社の他の債権者に優先して弁済を受けることになるため，債権者平等に反すると解される[128]。しかし，事業譲渡が事業再生スキームのなかで行われる場合には，一部の更生債権等の承継が事業継続に不可欠であり，事業価値が譲渡の対価に反映され，更生計画においてその対価が公正衡平に分配されることが確保されているときは，許可して差し支えないとする見解がある[129]。このような倒産債権をそのまま承継させることは，債権者平等の観点からは原則として許されないため，その他の債権者との調整を図り，減額措置等を行うべきであると解されるが，一方で，そのまま承継させないならば，取引先を失うことになり，結果として事業価値を低下させ，事業再生スキームとして立ち行かなくなる等の事情がある場合には，結果的に債権者平等に反することになる事業譲渡も許容される可能性があると考えられる[130][131]。

　債務免除等の相当性を基礎付ける事情として実質的な，あるいは規範的な判断を行うことは，債権者平等に鑑みると，常に適切であるとはいえない[132]。しかし，事業継続が重視される必要性もあるため，この判断の妥当性をいかにして

確保するかということは難問であるといえる。事業再生は，より事業価値の毀損の小さい段階で着手することが多くなっているようである。これは，早期の手続着手が，事業再建や弁済率向上に寄与すると考えられていることによる[133]。事業再生における事業継続の可能性について，債権者平等を考慮した客観的な基準が必要であると考えられる。

　ドイツは，事業再生における組織再編を促進し，再生機会の改善を行い，再生可能性を拡大し，それを阻止する要素を除去しようと努めている。組織再編の局面において，判例上および学説上，事業継続を重視し，実質面から現実的な債権者保護を手厚く行う傾向が強い事例が散見される[134]。事業継続に関して，ドイツ法の検討から示唆を得ると，以下のことがいえる（事業再生における詐害性の問題は，Ⅳ2事業再生との関係で検討する）。事業再生スキームは，再生が成功する見込みで作成されたとしても，その後の事情変更によって頓挫するリスクは伴う。私的整理による場合には，事業継続の見込みがないにもかかわらず，関係する金融機関にとって都合のよい計画を作成することがありうる。事業再生スキームでは，事業継続の見込みを判断し，成功の可能性を測ることになるが，これは会計上の計算書類を重視することによって行う。事業再生スキームを組む必要のある会社は，大抵経営が危機的状況に陥っていると考えられるが，支払不能，支払不能のおそれ，もしくは債務超過の状態にあったとしても，事業再生計画書や財務状況，今後の見通しを示す財務計画書となるものを作成する[135]。事業再生スキームを実行するならば，事業継続が確実であること，もしくはその可能性が高いことを示すことができればよい。

　次に，事業再生スキームを実行する場合の債権者平等が問題となる。事業再生，再建型の倒産処理手続においては，債権者平等の要請と債務者の事業継続を両立させることは難しく，これらを調整する判断基準は明らかとはいえない[136]。各々の債権者が事業再生を行うことを望ましいと考えていないこともあれば，事業再生を行う場合に債権者の属性が弁済率に影響を与えるとして，債権者平等の観点から反対することもありうる。前者については，事業再生を行うこと自体について総債権者の同意が必要となっている。後者についても，債権者の属性ごとに，経済的に正当に評価される手続において，均等な弁済が予定

されていることを示し，総債権者がこれが債権者にとって予測可能である客観的で相当な基準であることを確認し，同意することで解決される。

しかし，総債権者の同意が得られず，債権者保護と事業再生の必要性が衝突し，事業再生が頓挫してしまう状況が問題となる。この調整として，事業に必要不可欠な商取引債権とみなされるために考慮すべきファクターと，優先弁済を受けないその他の債権者に対して，手続保障の機会を設けることが必要であるといわれている。倒産法のプライオリティを修正して一定の商取引債権のみを優先的に取り扱うためには，修正のプロセスが他の債権者に対しても明確でなければならないと説明されている。[137] 債権者間に不平等が生じる時は，債権者に対して説得的な情報を提供することが必要とされており，その具体的内容について引き続き検討を行っていかなければならない。経営が危機的状況にある会社が，事業継続が必要であるとして行う会社分割や事業譲渡にこそ，詐害性があるとして問題になる可能性が高いと考えられるのである。

IV 詐害性が認められない会社分割および事業譲渡

1 情報開示・総債権者の同意・中立公正な第三者の関与

詐害性が認められない会社分割や事業譲渡であると判断されるためには，どのような要件が必要となるだろうか。会社分割や事業譲渡においては，まず，分割会社や譲渡会社から承継会社等への権利義務の切り分けに合理性があるかという点が挙げられる。会社分割や事業譲渡という事象はおよそ恣意的であろうが，権利義務の区別について説得的な理由付けが存在するか，資産，負債の評価が適正に行われているか，ということである。[138]

次に，残存債権者に対する情報開示があったか，残存債権者が不利益を受けることについて同意をしているかという点が挙げられる。残存債権者は，弁済率の不平等という不利益を受けたり，弁済率が法的手段による場合よりも低くされる可能性がある。経営が危機的状況にある会社が行う会社分割や事業譲渡が許容されるには，倒産時における清算価値保障原則，すなわち残存債権者に

対する弁済率が予想清算価値を上回ることが必要であり，これが満たされない場合には直ちに詐害性があると解する学説がある[139]。会社分割における残存債権者は異議を述べる機会を有しておらず，会社法上の義務はないとはいえ，事前に残存債権者に会社分割について通知し，適切な情報開示を行うことが必要といえるだろう。このような情報開示を行うことは，残存債権者を詐害する意図はないと判断される要素となる。提供する情報としては，支払不能，支払不能のおそれ，債務超過の判断に関する将来を予測し作成した貸借対照表や損益計算書等の会計上の書類，事業継続の見込みに関する情報，事業再生スキームとして会社分割や事業譲渡を行うことが有効であること，事業再生に際して債権者が不利益を受ける可能性がある場合にはその旨，およびスキーム全体としては成功する見込みがあることを示す情報が考えられる。すでに述べたとおり，残存債権者が不利益を受けることについて同意する場合，合理的な理由のある反対がなかった場合には，詐害性はないと判断されることになる。残存債権者全員が会社分割および弁済率について同意する場合や，これに同意しない残存債権者が存在し，会社分割前の清算価値から算出される分割会社の事業を一体として売却したと仮定した清算配当額に相当する弁済がなされる場合にも，詐害性はないとされるであろう。

そして，増資手続，新設会社の株式の交付，株式譲渡がある場合には譲受人や譲渡価格の決定方法，分割会社のその後の措置等の多様な事情を総合的に検討することになる。増資手続については，当該増資の目的が適正であり，必要性があるということ，新設会社の株式の交付については，増資により交付株式の価値が稀釈化され，残存債権者に対する清算価値が保障されなくなることがないか，対価として取得した株式を会社分割後に分割会社が処分する場合に，処分の相手方や，時期，処分の周知の有無，処分の対価，対価の使途という要素が適正であるかということ，分割会社について，会社分割後，倒産処理手続が取られるか等を検討し，詐害性の有無について判断していくことになる[140]。経営が危機的状況にある会社が，その事業の一部を存続させるために会社分割を行い，債務の免除を要求する場合は，残存債権者への弁済を優先すべきであると解される[141]。

中立で公正性のある第三者が関与して会社分割が行われた場合には，詐害的会社分割であると判断される可能性は低くなると考えられる[142]。債務者が策定した事業再生スキームに，会社分割や事業譲渡による私的整理手続がとられない場合の想定事業計画および弁済計画が盛り込まれており，その内容を独立かつ中立的な専門家が検証し，債権者の大多数がこれに賛成していた場合には，原則として事業再生計画で想定されていた代替策および弁済計画が合理的選択肢であったと強く推定すべきであると唱えられている[143]。

　会社分割や事業譲渡の内容の合理性，残存債権者への情報開示，不利益を受ける残存債権者の合意，中立で公正性のある第三者の関与，その他の事情の総合的判断が，詐害性が認められない会社分割や事業譲渡について検討するうえでの要素となる。これらの要素は，会社分割においては，会社分割手続に参加できない残存債権者に対する手当てとしての効果があるほか，会社分割や事業譲渡に詐害性があると考えられる事案において，債権者平等の観点から調整する機能を有している。

　詐害性の判断に際しては，詐害性の意義ができるだけ狭く解釈されていることが望ましい。詐害性の要素は多様で複合的であり，具体的な事案ごとに個別に検討していかなければならず，詐害性の判断基準は明確であることが望ましい。会社分割や事業譲渡に関する詐害性の判断基準としては，まず，債権者平等を害していないか検討する。そして，債権者平等を害しているとされる場合には，行為態様等の付加的な考慮要素を総合的に検討し，詐害性の有無について判断する。そして，詐害性があるとされた場合には，その詐害性を退けうる上記の項目に該当するか検討することになると考えられる。

2　事業再生との関係

　実際上，会社分割や事業譲渡は，事業再生スキームのなかで行われることが多いと思われる。事業再生スキームとして望ましいものとされる条件とはどのようなものであろうか。私的整理，事業再生ADRも含め，債権者平等の観点と事業再生の迅速性や柔軟性の要請を調整するために，どのように手続の透明性や公平性を確保していくのかが問題となる。事業再生を行うこと自体に否定

的な見解も存在する。非効率的な事業は清算し，効率的な事業へ資源を分配することが望ましく，詐害的な組織再編を行う可能性がある会社にまで継続企業価値や事業継続に配慮する必要はないこと，そうすることで経営者と債権者の協議による透明な私的整理を促すことができるというものである[144]。確かに，事業再生当事会社が実質的に破綻状態にあることも考えられ，この見解に首肯できるところもあるが，会社の利害関係人が同意するならば，事業継続は意義をもつのであり，事業再生の可能性を狭める必要はないであろう。事業再生における継続企業価値や事業継続を重視し，事業再建や弁済率向上を追求することは認められてよいと考えられる。

　もっとも，事業再生スキームが，債権者間の不平等を発生させる意図をもって企てられることは，現実としてはありうる。事業再生スキームを行う会社は，まず，当該スキームが詐害性を有していないことを説明する必要がある[145]。これは，具体的な内容を勘案して判断していくことになる[146]。会社は，事業再生が行われなかった場合との予想弁済率の比較，事業再生によると総債権者が一定の満足を受けられるという見込み，債権者の属性により弁済率が相違する可能性，弁済率は債権者の属性において均等で経済的に妥当な手続によって決定されていること等を説明し，債権者が受ける影響について，総債権者の同意を得るという過程を経ることで，当該事業再生の試みが債権者を害する意図をもって企てられているのではないかという疑いを排除することになる。

　事業再生スキームは，成功する見込みがあると判断されて開始されたとしても，その後の事情変更によって頓挫するリスクを抱えている。事業再生が進行するなかで，成功の見込みがないことが明らかになった時は，客観的に詐害性が生じていることになる。そのような場合に，事業再生を遂行していること自体では詐害性は除外されないが，事業再生スキームが筋道の通ったものであり，客観的に成功が追求され，成功の予想が正当化されていたと判断されるときは，詐害性が除外されることになると考えられる。事業再生スキームの完成段階で，経済的に正当だと評価される手続がとられており，債権者平等による均等な弁済が予定されていたと判断されるならば，詐害性はないことになると考えられる。私的整理の場合は，金融機関にとっては都合がよいが，反対に，

経営が危機的状況に陥っている会社にとっては実行が難しい計画が作成され，単に経営上の問題を先送りしているにすぎない事業再生が行われる可能性もある。客観的に事業再生の見込みがなく，事業再生が頓挫した場合には債権者を害することになり，将来の倒産債権者に故意に事業再生が失敗するリスクを負わせてしまうことを，会社分割の分割会社や事業譲渡の譲渡会社が認識している場合は，事業再生のために必要な弁済であっても，破産法上の否認権や民法上の詐害行為取消権行使の対象となると考えられる。事業継続の見込みがないにもかかわらず，見込みがあるとして事業再生スキームを作ることが問題となるのである。

事業再生の失敗自体は，詐害性の判断の基礎とはならず，事業再生であるということが，とりもなおさず詐害性の判断を排除するということにはならないと考えられる。事業再生が債権者平等を害していることが問題になるときは，事業再生の努力をしているか等の行為態様が判断されることになる。

V 小 括

詐害的会社分割や詐害的事業譲渡における残存債権者の保護の問題に対処するため，判例，学説および立法過程において，債権者保護類型が積み重ねられ，詐害性の意義が検討されてきた。詐害性は，会社法，民法および破産法の法領域を交錯しており，同様のものとして捉えられる。破産法上の否認権および民法上の詐害行為取消権の類型から，詐害的会社分割や詐害的事業譲渡の詐害性を検討すると，事例ごとに詐害性が問題となる具体的内容はさまざまであるが，ほとんどが債権者平等を害するかという問題に集約される。

本稿は，詐害的会社分割や詐害的事業譲渡の詐害性の意義を偏頗性から捉えるという結論に至った。残存債権者保護のための破産法上の否認権や民法上の詐害行為取消権の行使については，破産法162条1項，民法424条の3が適用されることになる。もっとも，その他の条文の適用を排除するものではない。詐害的会社分割や詐害的事業譲渡のほとんどは，債権者平等の問題として捉えられ，付加的な考慮要素として債務者の行為態様や害意を検討し，詐害性の有無

を判断していくことになる。

　詐害行為取消権に関しては，平成29年民法改正によって，破産法上の否認の類型と平仄を合わせ，詳細な特則が新設された。詐害行為取消権の特則の新設は，破産法上の否認権を連続的に捉え整理されたことのほか，行使要件の細かな相違がある以外に，大きな影響を与えるものとはなっていないと理解できる。もっとも，例えば事業再生スキームにおいて会社分割が行われ，それ自体は詐害性を有していなかったが，後続の法律行為に詐害性があるという場合について，民法424条の2の相当対価処分行為は，事業再生スキームを一連のものと見て，残存債権者の保護を行うことの可能性を，条文上に示したと理解できる。

　経営が危機的状況にある会社が行う会社分割や事業譲渡に詐害性が認められないと判断されるには，倒産処理手続が意味するところの透明性や衡平性が保たれていることが必要である。会社分割や事業譲渡は，スキームの組み方によっては責任財産の減少や債権者間の不平等が生じる可能性を有している。このような場合に，分割会社や譲渡会社としては，内容の合理性，残存債権者への情報開示，不利益を受ける残存債権者の合意，中立で公正性のある第三者の関与等の事情から，詐害性が認められないと総合的に判断されるように対応する必要がある。現行法上，残存債権者への情報提供義務は課されていないが，残存債権者に不利益となる可能性の高い情報を提供しないことが，役員の任務懈怠に該当するとして，責任追及の対象となると解することは可能であろう。

　事業再生スキームにおいて会社分割や事業譲渡を行う場合は，清算価値を上回る弁済率を債権者に提示し，総債権者の同意を得て，合理的な理由のある反対がない状態で事業が継続されていくことが必要である。分割会社や譲渡会社は，残存債権者に対して，彼らが不利益を受けることについて，その状況に至った経緯や資産および負債の状況，事業再生スキームによってさらなる損失が発生しないか，事業の維持存続の方法，弁済方法等の情報を提供し，十分な説明を行い，同意を得る必要がある。事業再生スキームの成功の見込みがあったにもかかわらず，その後の事情変更によって頓挫した場合は，詐害性の有無が判断されていくことになるが，事業再生スキームの完成段階で，スキームの

形成過程が適正であり，債権者平等が図られ，均等な弁済が予定されていたと判断される場合には，詐害性はないと解される可能性が高い。分割会社や譲渡会社は，一連の事業再生スキームの妥当性を会社利害関係者に対して説得的に示すことが必要になるのである。

会社分割や事業譲渡が事業再生スキームの一環として行われるときに，詐害性の判断をどの部分について行うのか，どのような項目を判断すればよいのか，結果的に事業再生が失敗に終わったときに事後的に詐害性を判断してよいのか等の問題は，詐害性を予測することが容易ではないことから生じており，詐害性の意義はできるだけ狭く解釈することが望ましいと考えられる。

本稿の結論として，詐害的会社分割や詐害的事業譲渡における詐害性は，概ね債権者平等が問題となることに着目し，偏頗性として理解する。そして，債権者平等に関する付加的考慮要素と，詐害性を退けうる項目に該当するか検討し，詐害性ありとされる場合を狭めていくという過程が，詐害性の判断基準となると考える。このことによって，詐害性が認められない会社分割や事業譲渡の形がみえてくるものと考える。

[注]

1) 坂本三郎ほか「平成26年改正会社法の解説〔Ⅸ・完〕」商事2049号（2014年）23頁以下（注152）。
2) 加藤貴仁ほか「〈座談会〉平成26年会社法改正の検討」ソフトロー研究24号（2014年）146頁以下〔藤田友敬発言〕。
3) 坂本三郎編著『一問一答　平成26年改正会社法』（商事法務，2014年）356頁。
4) 坂本・前掲書（注3）322頁。
5) 受川環大『組織再編の法理と立法——利害関係者の保護と救済』（中央経済社，2017年）221頁，245頁。
6) 近藤光男『商法総則・商行為法〔第6版〕』（有斐閣，2013年）112頁以下。
7) 服部栄三『商法総則〔第3版〕』（青林書院，1983年）418頁。
8) 大塚英明＝川島いづみ＝中東正文『有斐閣アルマ　商法総則・商行為法〔第2版〕』（有斐閣，2008年）47頁〔中東正文〕。
9) 江頭憲治郎＝中村直人編著『論点体系会社法1　総則，株式会社Ⅰ』（第一法規，2008年）76頁〔木俣由美〕。
10) 田邊光政『商法総則・商行為法〔第3版〕』（新世社，2006年）155頁。
11) 落合誠一「商号続用営業譲受人の責任」法教285号（2004年）29頁。

12) 小橋一郎「商号を続用する営業譲受人の責任―商法26条の法理」河本一郎ほか編『商事法の解釈と展望 上柳克郎先生還暦記念』(有斐閣, 1984年) 17頁。
13) 落合・前掲 (注12) 30頁。
14) 清水真希子「商号続用責任―事業 (営業) 譲渡における債権者保護」法教384号 (2012年) 4頁以下。
15) 落合・前掲 (注12) 31頁, 江頭＝中村編著・前掲書 (注9) 76頁以下〔木俣〕。
16) 得津晶「会社法22条1項類推適用は詐害譲渡法理か？―会社分割の場合 (最三判平成20・6・10)」NBL888号 (2008年) 5頁。
17) 法制審議会会社法制部会第8回会議議事録 (2010年12月22日) 5頁以下。
18) 村上裕「改正会社法の下での事業譲渡における債権者保護について」金沢58巻1号 (2015年) 37頁以下は, これに関連して, 商号続用責任の趣旨を詐害性の一要素として取り込み, 会社法23条の2項によって解決すれば, 同法22条を廃止しても債権者保護が後退することにはならないと述べている。
19) 坂本ほか・前掲 (注1) 23頁以下 (注152)。会社分割において, 債務超過でなかった会社が債務超過になるという状況は, 必ずしも多くはないと指摘されている (得津晶「会社分割等における債権者の保護」神田秀樹編『論点詳解 平成26年改正会社法』(商事法務, 2015年) 255頁以下)。
20) 山本和彦「濫用的会社分割と詐害行為取消権・否認権」土岐敦司＝辺見紀男編『濫用的会社分割―その態様と実務上の対応策』(商事法務, 2013年) 4頁以下。得津・前掲 (注19) 255頁以下。
21) 須藤裁判官の補足意見は, 債権者の責任財産が減少するということと, 債権者平等という偏頗性の両面から詐害性を肯定しており, 狭義の詐害行為と偏頗行為のどちらとも捉えられるように書かれていると指摘されている (山本和彦ほか「シンポジウム 濫用的会社分割を考える」土岐敦司＝辺見紀男編『濫用的会社分割―その態様と実務上の対応策』(商事法務, 2013年) 211頁〔山本発言〕)。
22) 田中亘「会社法改正の視点からみた濫用的会社分割」土岐敦司＝辺見紀男編『濫用的会社分割―その態様と実務上の対応策』(商事法務, 2013年) 26頁。
23) 北村雅史「詐害的会社分割と債権者の保護」田邊光政ほか編『今中利昭先生傘寿記念 会社法・倒産法の現代的展開』(民事法研究会, 2015年) 260頁, 山本和彦「会社分割と倒産手続」事業再生と債権管理132号 (2011年) 19頁以下。
24) 野村修也＝奥山健志編著『平成26年改正会社法』(有斐閣, 2014年) 143頁。
25) 前田修志「濫用的会社分割」上法56巻4号 (2013年) 209頁以下。
26) 難波孝一「会社分割の濫用を巡る諸問題―『不患貧, 患不均』の精神に立脚して」判タ1337号 (2011年) 34頁。
27) 松下淳一「濫用的会社分割についての覚書」事再138号 (2012年) 149頁以下。
28) 前田・前掲 (注25) 214頁。
29) 法務省民事局参事官室編『倒産法制に関する改正検討事項』別冊NBL46号 (1997年) 54頁。
30) 従前は, 学説上, 危機否認と故意否認に関して, 詐害性は狭義の詐害性と偏頗性に分けて理解されていた。その後, 危機否認と故意否認の相対化・流動化が進み, 詐害性についても統一的に理解しようという傾向があったものの, やはり行為の「有害性」には

狭義の詐害性と偏頗性を含むと解されることから，詐害性の概念は両者を取り込んだ定義が要求されるといわれている（畑宏樹「倒産債権の劣後的処遇の局面における債権者間の実質的平等」上智法学論集42巻2号（1998年）322頁）。

31) 債務者の資力が相当程度悪化した時期に行われたものであると考えられており，資力悪化の指標としては，債務超過に着目されている。しかし，現に債務超過が発生していない段階において，どの程度債務超過に陥る蓋然性があれば，確実といえるかを画定するのは相当に困難ではないか，現に債務超過が発生している以上は，回顧的に評価すれば全ては必然の流れであったという評価もありうるので，どのような事情が存在すれば良いのかという別の問題が存在すると言われている（垣内秀介「否認要件をめぐる若干の考察——有害性の基礎となる財産状態とその判断基準時を中心として」金融財政事情研究会編『田原睦夫先生古稀・最高裁判事退官記念論文集　現代民事法の実務と理論（下）』（きんざい，2013年）221頁以下，224頁以下）。

32) 浅田隆「濫用的な会社分割等に関する最近の動向と金融機関の対応」金法2071号（2017年）12頁以下，岡正晶「濫用的会社分割」ジュリ1437号（2012年）68頁。

33) 伊藤眞「会社分割と倒産法理との交錯——偏頗的詐害行為の否認可能性：責任財産の割合的減少をどのように捉えるか」NBL968号（2012年）12頁以下，同『破産法・民事再生法〔第3版〕』（有斐閣，2014年）514頁。伊藤教授は，破産法160条の狭義の詐害性と同法161条の相当対価処分行為を連続的に捉える見解をとっている。

　残存債権者に対し，会社分割をせずに清算すると仮定した場合の清算価値すら保障されないような場合に限り，一般財産の共同担保としての価値を実質的に毀損するものとして「債権者を害する」ものと評価する（金融法委員会「濫用的会社分割に係る否認要件とその効果についての中間論点整理」金法1996号（2014年）20頁）ことを引用し，この学説を支持する見解がある（岡正晶「濫用的会社分割・事業譲渡と否認権——会社分割・事業譲渡の進化と否認権の要件・効果論の深化」金法2071号（2017年）38頁）。

34) 「額面」で考えられるのが破産法の立場であると考えられている（金融法委員会・前掲（注33）18頁，長谷川翔大「濫用的会社分割と詐害行為取消権」東大ロー10号（2015年）39頁以下。実価で判断することに対する批判については，弁済，担保提供などの債権者平等原則違反を問う局面ではなく，資産移転の反対給付としての対価の価値を問う局面なので，実価で捉えることは許容されると説明されている（岡正晶「濫用的会社分割の詐害行為取消を認めた最二判平成24・10・12」金判1405号（2012年）1頁，伊藤・前掲（注33）12頁）。

35) 才口千晴ほか「シンポジウム　倒産実務の諸課題と倒産法改正」金法1995号（2014年）40頁〔岡伸浩発言〕。実価で捉えることについては，これまでの詐害行為否認では例がないとしつつ，詐害的会社分割という新しい事象に対処するのに有益であり，破産法上の解釈として妥当であるとする見解もある（服部明人ほか「会社分割と破産法上の否認権の類型」第一東京弁護士会総合法律研究所倒産法研究部会編著『会社分割と倒産法——正当な会社分割の活用を目指して』（清文社，2012年）76頁参照，植村京子「否認権の効果に関する一考察」『田原睦夫先生古稀・最高裁判事退官記念論文集　現代民事法の実務と理論（下）』（きんざい，2013年）348頁）。

36) 松下・前掲（注27）148頁。

37) 金融法委員会・前掲（注33）19頁。

38) 山本・前掲（注23）17頁。
39) 長谷川・前掲（注34）39頁以下。
40) 田中・前掲（注22）25頁以下。破産法162条の要件を満たさない偏頗性のある行為は，そもそもいかなる意味でも否認の対象とはならず，広義の詐害行為にもならないと考えるほうが整合的であるとして批判されている（得津・前掲（注19）263頁）。
41) これは，Ⅱ2破産法上の否認権との関係において，詐害的会社分割の一般規定のあり方がどのように捉えられるかということと関連する。
42) 長谷川・前掲（注34）41頁以下。
43) 得津・前掲（注19）264頁。
44) 伊藤・前掲書（注33）510頁以下。
45) 山本和彦「濫用的会社分割と詐害行為取消権・否認権」土岐敦司＝辺見紀男編『濫用的会社分割―その態様と実務上の対応策』（商事法務，2013年）11頁以下，井上聡「濫用的会社分割における問題の本質」金法1903号（2010年）7頁，得津・前掲（注19）247頁以下。
46) 伊藤眞「債務免除等要請行為と支払停止概念」NBL670号（1999年）16頁。
47) 田中・前掲（注22）26頁。
48) 得津・前掲（注19）267頁。
49) 山本・前掲（注45）14頁以下。
50) 得津・前掲（注19）264頁，292頁。
51) 得津・前掲（注19）268頁以下。
52) 将来の近い時期に債務不履行になることが現段階で確実であるならば弁済期未到来でも支払不能を認定できるとする見解である。すなわち，現在の弁済能力の一般的欠乏は，債務者が経済活動等により支払資金を債務の履行期までに調達する可能性の一般的・継続な消滅を意味する将来の債務不履行の確実性と同義と捉えられている（山本和彦「支払不能の概念について」新堂幸司＝山本和彦編『民事手続法と商事法務』（商事法務，2006年）168頁以下）。この見解では，将来の範囲を含むその蓋然性を図る基準については特に言及されていないため，個別の事案で裁判官の裁量判断に全面的に委ねることになろうといわれている（河崎祐子「破産手続開始原因概念の再検討：『支払不能』と『支払停止』の関係を中心に」慶応ロー28号（2014年）96頁）。
53) 伊藤・前掲書（注33）520頁以下。詐害的会社分割を，積極財産の流出を中心として捉え，新設会社へ移転した資産の価値と，新設会社へ移転し負担を免れた債務および新設会社から交付された株式の対価性の有無によって，廉価売買か相当価格売買であるか評価される（黒木和彰＝川口珠青「濫用的会社分割に対する一試論（下）」銀法736号（2011年）39頁以下）。
54) 東京地判平成22年5月27日金法1902号144頁，東京高判平成22年10月27日金法1910号77頁，福岡地判平成22年9月30日，金融法委員会・前掲（注33）21頁。
55) 垣内・前掲（注31）226頁，小林信明＝山本和彦編『実務に効く事業再生判例精選』（有斐閣，2014年）206頁。
56) 垣内・前掲（注31）229頁。
57) 黒木＝川口・前掲（注53）43頁。分割会社が移転した資産の価値に見合った額の債務から免れている時に，「隠匿等の処分」の恐れを認定することは容易ではないと解されている（井上・前掲（注45）6頁）。

58) 難波・前掲（注26）33頁，綾克己「濫用的会社分割の分水嶺」事再137号（2012年）151頁以下。なお，綾は，これは詐害行為取消権についても同様になるとしている。
59) 竹下守夫編『大コンメンタール破産法』（青林書院，2007年）638頁〔山本和彦〕。
60) 赫高規「会社分割に対する詐害行為取消権および否認権の行使」NBL957号（2011年）45頁。
61) 神作裕之「濫用的会社分割と詐害行為取消権（下）―東京高判平成22年10月27日を素材として」商事1925号（2011年）46頁。破産法161条の否認は，株式が稀釈化された時点で成立すると解される（伊藤眞ほか『条解 破産法〔第2版〕』（弘文堂，2014年）1030頁）。交付株式が継続企業価値を下回る価格で譲渡される場合は，当該会社分割には詐害性があると解されることもある（岩知道真吾＝浅野貴志「良い会社分割と悪い会社分割のメルクマール」第一東京弁護士会総合法律研究所倒産法研究部会編著『会社分割と倒産法―正当な会社分割の活用を目指して』（清文社，2012年）160頁参照）。
62) 井上聡＝小林信明「会社分割をめぐる諸問題―判例を材料に派生論点を考える」金法1923号（2011年）62頁以下。
63) 浅田隆「会社分割を対象とする詐害行為取消権の行使を肯定した判決の検討―東京地判平成22・5・7判時2083号148頁」NBL939号48頁，岡・前掲（注32）68頁，神田秀樹「会社分割と債権者保護」ジュリ1439号（2012年）64頁，小出篤「濫用的会社分割・事業譲渡における会社法上の債権者保護」金法2071号（2017年）36頁。
64) 前田・前掲（注25）216頁以下。
65) 小出・前掲（注62）37頁。
66) 民法上の詐害行為取消権と破産法上の否認権には相違点はあるものの，基本的に根源を同じくする制度であり，手続的にも連続する制度として構築されており，機能的な連続性も無視することができないとされている（沖野眞已「債権法改正と倒産―民法（債権法）改正検討委員会『債権法改正の基本方針』から」山本和彦＝事業再生研究機構編『債権法改正と事業再生』（商事法務，2011年）50頁）。
67) 高須順一「民法（債権関係）改正のエッセンス―各論④詐害行為取消権」NBL1047号（2015年）13頁以下。
68) 潮見佳男『新債権総論Ⅰ』（信山社，2017年）735頁以下。
69) 責任説とは，詐害行為取消権の性質に関する学説の一つであり，ドイツにおける議論を参考に唱えられたものである（しかし，ドイツでも通説ではない）。論者は，わが国の判例・学説では，詐害行為取消権は相対的取消であり，取消の相対効を有し，逸出財産の原状回復・取戻しに気を取られ，個別債権者の強制執行の準備手続としての責任財産の保全という制度の究極目的への配慮が希薄となっていたと主張し，逸出財産に対して直接強制執行を認める制度を構築すれば解決するはずであると述べる（下森定「詐害行為取消権に関する近時の学説展開と債権法改正」法学志林110巻3号（2013年）205頁以下）。
70) 潮見・前掲書（注68）738頁以下。責任説は，債権法改正の議論のなかで検討されたが，導入にはさまざまな障害があることが示され，除外された（瀬川信久「詐害行為取消権―日本法の比較法の位置と改正案の現実的意義」瀬川信久編著『債権法改正の論点とこれからの検討課題』別冊NBL147号（商事法務，2014年）100頁以下）。
71) 中田裕康ほか『講義 債権法改正』（商事法務，2017年）136頁以下。

72) 川島いづみ「会社分割における会社債権者の保護—債務の履行の見込みとの関係を中心に」早稲田社会科学総合研究11巻1号 (2010年) 81頁。
73) 服部育生「濫用的な会社分割」愛学53巻1・2号 (2012年) 126頁。
74) 中田裕康「詐害行為取消権と否認権の関係」山本克己＝山本和彦＝瀬戸英雄編『新破産法の理論と実務』(判例タイムズ社, 2008年) 301頁。
75) 潮見・前掲書 (注68) 723頁。
76) 潮見・前掲書 (注68) 727頁以下参照。
77) 詐害行為取消権と否認権は，一定時期を境にして働くのではなく，危殆時機に至ればその両原則がその割合は別として並存的に働く場合もあるのではないかと解したうえで，詐害行為取消と否認権について，その適用の要件およびその効果について必ずしも完全に一致する必要はないが，債務者の危殆状態が進行し法的倒産処理手続の申立がなされれば否認権行使によりその効果が否定されることもありうるので，両規定の要件には整合性が必要であるとする見解がある (片山直也「濫用的会社分割・事業譲渡と詐害行為取消権」金法2071号 (2017年) 23頁)。
78) 潮見・前掲書 (注68) 728頁以下。
79) 詐害行為取消権は，法的倒産手続に至る前の私的整理において，債権者平等を図る手段として位置づけられる。従前から，私的整理において，否認制度に代替する制度であると唱える立場もあったが (森田修『債権回収法講義』(有斐閣, 2006年) 66頁)，実際上の利用には消極的な立場があった (片山直也「詐害行為取消制度をどう見直すか」椿寿夫ほか編『民法改正を考える』(日本評論社, 2008年) 225頁)。詐害行為取消権によって偏頗的行為を取り消す場合には，債務者の経済的再建に配慮して救うべき弁済とそうではない弁済を分類し，主観的に詐害性が強い場合には広く取消の対象とすることが唱えられている (杉山悦子「詐害行為取消権と否認権—研究者の視点から」山本和彦編『債権法改正と事業再生』(商事法務, 2011年) 232頁)。
80) 潮見・前掲書 (注68) 723頁。倒産前の段階においても当該行為を取り消してその効力を否定することにより，行為前の状態を回復し，その後に行われる強制執行における平等弁済の実現につなげる。このため，倒産手続が開始する前の段階においても「特定の債権者を利する行為」(偏頗行為) は，詐害行為取消しの対象となる。
81) 中田裕康『債権総論〔新版〕』(岩波書店, 2011年) 234頁以下。
82) 奥田昌道編『新版注釈民法(10)2　債権(1)　債権の目的・効力(2)』(有斐閣, 2011年) 846頁〔下森定〕参照，伊藤眞『破産法〔新版〕』(有斐閣, 1991年) 296頁。債権者を害するとの要件について，「無資力」と「債務超過」の概念について見解の一致が得られなかったため，無資力要件については明文で規定されなかった (中間的論点整理第10の2(1)イ)。無資力は，一般に，債務額の総計が財産額の総計を上回ることと捉えられよう。
83) 債務超過の意味について，資産の評価を清算価値でみるのか，継続企業価値でみるのかという議論があった。近年では，継続企業価値での算定，いずれか高い方で評価すること，企業の継続可能性に応じていずれかを採用する見解などが有力となっている (杉山・前掲 (注79) 238頁以下)。
84) 片山・前掲 (注77) 27頁。
85) 片山・前掲 (注77) 27頁は，破産法160条1項は，あくまでも狭義の詐害行為の規定であって，一般規定ではないとの理解が多数であるとしつつ，平成29年改正民法が民法

424条1項を一般規定として残していることを示し，破産法160条1項が一般規定として理解されることに示唆的である。
86) 潮見佳男『民法（債権関係）の改正に関する要綱仮案の概要』（きんざい，2014年）71頁以下。424条の2第1号は，取消対象行為の客観的要件を明文化し，2号で詐害意思以上に重い主観的要件を課して詐害行為取消権の成立範囲を限定し，3号で主観的要件の立証負担を受益者に課さず証明責任の分配に配慮がされている（北秀昭「詐害行為取消権の民法改正案の特質―否認権制度の『有害性』体系との対比を踏まえて」筑波ロー20巻（2016年）4頁）。
87) 潮見・前掲書（注68）778頁。
88) 山本克己「否認権（上）」ジュリ1273号（2004年）81頁，伊藤眞＝松下淳一＝山本和彦編『新破産法の基本構造と実務』ジュリスト増刊（2007年）398頁〔山本克己発言，小川秀樹発言〕。
89) 大判明治39年2月5日民録12巻133頁等。
90) 伊藤・前掲（注33）26頁，中西正「濫用的会社分割と否認権・債権者取消権」銀法736号（2011年）47頁。
91) 得津・前掲（注19）258頁以下。ここで，不動産という換価可能な財産を換価困難な非公開株式へ変更することは，流動性が下がり財の価値も下がったと理解することもできるが，単独新設分割の場合には，設立会社が全株式を保有するので，会社を解散・清算することで換価できるから，流動性の問題は生じないと指摘されている。
92) 潮見・前掲（注68）778頁以下。
93) 青竹正一「民法改正の会社法への影響（下）」判時2303号（2016年）13頁。
94) 潮見・前掲書（注68）758頁（注82）。
95) 青竹・前掲（注93）12頁。
96) 中田・前掲（注74）302頁以下。
97) 中井康之「詐害行為取消権の在り方」債権法研究会編『詳説　改正債権法』（きんざい，2017年）109頁，潮見・前掲書（注68）782頁以下。
98) 森田・前掲（注79）67頁。
99) 青竹・前掲（注93）14頁。
100) 森田・前掲書（注79）70頁。通謀的害意について，これは債権者の行為態様の評価を判断の中核に置くべきことになり，その行為態様の評価の基準は，実質的危機時期において，債権者の個別的な債権回収や保全行動が，債権回収の集団的秩序によってどの程度制約されるかという倒産法的な考慮が求められるとして，主観的要件とすることを批判している。
101) 浅田・前掲（注32）14頁以下。
102) 得津・前掲（注19）267頁以下，神作・前掲（注61）43頁。浅田隆「会社分割を対象とする詐害行為取消権の行使を肯定した判決の検討―東京地判平成22・5・7判時2083号148頁」NBL939号（2010年）49頁等。
103) 法務省民事局参事官室「会社法制の見直しに関する中間試案の補足説明」商事1952号（2011年）19頁以下。
104) 中田ほか・前掲書（注71）144頁以下。
105) 藤原総一郎ほか「債権法改正と会社法実務（3・完）―債権法改正による事業譲渡・会

社分割の実務への影響」商事2158号（2018年）27頁以下。
106) 中田ほか・前掲書（注71）136頁以下。
107) 郡谷大輔「詐害的な会社分割における債権者の保護」落合誠一＝太田洋＝森本大介編著『会社法改正要綱の論点と実務対応』（商事法務，2013年）160頁。
108) 藤原ほか・前掲（注105）29頁，岩原紳作「『会社法制の見直しに関する要綱案』の解説(5)」商事1979号（2012年）10頁。
109) 潮見・前掲書（注68）639頁，中田裕康「債権者平等の原則の意義──債権者の平等と債権の平等性」法書時報54巻5号（2002年）1頁，森田修『債権回収法講義〔第2版〕』（有斐閣，2011年）22頁。
110) 中田・前掲（注109）11頁以下，同・前掲書（注81）199頁。
111) 潮見・前掲書（注68）641頁。
112) 井上聡「詐害行為取消権」山本和彦＝事業再生研究機構編『事業再生と金融実務からの債権法改正』（商事法務，2013年）25頁以下参照。債務者の支払停止，すなわち弁済能力の欠乏のために弁済期の到来した債務を一般的かつ継続的に弁済することができない旨を明示または黙示に外部に表明する債務者の行為があった後に，債務者の支払不能が推定されるという関係に立つ（伊藤眞「『私的整理の法理』再考──事業再生の透明性と信頼性の確保を目指して」金法1982号（2013年）109頁）。
113) 立法担当者は，弁済期未到来の債務を将来弁済できないことが確実に予想されても，弁済期の到来している債務を現在支払っている限りは，支払不能ではないとしている（金法1728号（2005年）49頁）。
114) 深山雅也「偏頗行為に対する詐害行為取消しの可否」山本和彦＝事業再生研究機構編『債権法改正と事業再生』（商事法務，2011年）157頁以下。
115) 井上治典「債権者平等について」法政59巻3・4号（1993年）59頁。
116) 杉本純子「倒産手続における債権者平等原則」松嶋英機＝伊藤眞＝園尾隆司編『倒産・再生訴訟』（民事法研究会，2014年）400頁。
117) 畑・前掲（注30）312頁以下。
118) 高橋宏志「債権者の平等と衡平」ジュリ1111号（1997年）156頁，畑・前掲（注30）312頁。
119) 杉本・前掲（注116）394頁。債権者平等の原則について，適用範囲や内容如何の検討に執着する必要はなく，当該原則の例外が認められる場合の条件について確定していけばよいと指摘されていた（鈴木禄弥「『債権者平等の原則』論序説」曹報30巻8号（1978年）12頁以下）。
120) 債権者平等の原則は，財務状況が悪化した時点で債務者財産の価値を拘束し，各倒産債権者に損失を負担させることから優先権排除の原則が妥当し，当該原則と相まって，倒産手続ごとに異なった形で存在するとみるべきであるとする見解もある（中西正「破産法における『債権者平等原則』の検討─公平の原則と優先権排除の原則」高橋宏志ほか編『伊藤眞先生古稀祝賀論文集　民事手続の現代的使命』（有斐閣，2015年）990頁以下）。
121) 岡・前掲（注32）70頁以下。予想清算価値の計算，資産・負債の切り分けの相当性，新会社の株式の価値の評価は微妙であるとされているが，この点について，残存債権者から合理的な理由を示して反対が表明され，それを説得しきれない場合には，会社分割を強行することは相当ではないと解されている。
122) 村上博一編著『事業譲渡・会社分割による事業再生Q&A』（中央経済社，2015年）230

頁以下〔三村雅一〕，黒木＝川口・前掲（注53）42頁。

123) 中西正「新破産法における実体法上の課題―とりわけ相殺制限・否認権をめぐる倒産法制の比較法的研究」事再107号（2005年）111頁参照。
124) 小島伸夫＝大石健太郎「否認権」園尾隆司＝多比羅誠編『倒産法の判例・実務・改正提言』（弘文堂，2014年）438頁。
125) 最判平成24年10月19日集民241号199頁は本判決を引用している。
126) 笠井正俊「事業再生ADR手続の申請に向けた支払猶予の申入れ等の後にされた対抗要件具備行為に対する会社更生法に基づく対抗要件否認と詐害行為否認の可否（東京地決平23.11.24）」事再138号（2012年）15頁。
127) 松下淳一「偏頗行為否認の諸問題」田原睦夫先生古稀・最高裁判所判事退官記念論文集『現代民事法の実務と理論（下）』（きんざい，2013年）253頁以下。
128) 藤原総一郎「再生手続における営業譲渡」上野正彦ほか編『詳解　民事再生法の実務』（第一法規，2000年）407頁。
129) 伊藤眞『会社更生法』（有斐閣，2012年）521頁（注147）。
130) 東京地裁会社更生実務研究会編『最新実務会社更生』（金融財政事情研究会，2011年）143頁。
131) 実務上，債権者平等との関係から，倒産処理手続において，倒産債権をそのまま承継させる事例はほとんどないとのことである。再生計画案等のなかで，債権者平等の問題が生じないよう，弁済率に応じて債務の承継等が検討されている（井出ゆり＝藤田将貴「事業譲渡」園尾隆司＝多比羅誠編『倒産法の判例・実務・改正提言』（弘文堂，2014年）437頁以下，480頁以下）。
132) 松下・前掲（注127）255頁以下。
133) 小島＝大石・前掲（注124）437頁以下。
134) このことは，商号続用責任に関する事例について，顕著である。
135) 財務計画書は，将来を予測して作成されるため，中立性があるのか等の別の問題が生じるが，会社の利害関係人に説得的に示すことができるものであればよいと思われる。
136) 支払不能後の弁済についても事業の継続性に着目して判断することになろうが，事業再建の意思の有無といった債務者の主観や，取引債権者か金融債権者かといった債権者の属性といった判断が困難な基準ではなく，端的に既存の買掛債務の弁済と買掛による仕入れの継続が引き換えになっていること自体を考慮要素とすべきとする見解がある（井上・前掲（注112）24頁以下）。
137) 杉本純子「事業再生とプライオリティ修正の試み―Critical Vendor Ordersにみる商取引債権優先化プロセスの透明性」同法60巻4号（2011年）204頁以下。
138) 村上編著・前掲書（注122）230頁以下〔三村〕。
139) 山本和彦「清算価値保障原則について」伊藤眞ほか編『青山善充先生古希祝賀論文集　民事手続法学の新たな地平』（有斐閣，2009年）925頁。岡・前掲（注32）70頁。
140) 村上編著・前掲書（注122）230頁以下〔三村〕，綾克己「倒産実務の視点からみた濫用的会社分割」土岐敦司＝辺見紀男編『濫用的会社分割―その態様と実務上の対応策』（商事法務，2013年）133頁。
141) 黒木和彰＝川口珠青「濫用的会社分割に対する一試論（上）」銀法734号（2011年）20頁以下。

142)　黒木＝川口・前掲（注141）21頁。
143)　鈴木学＝髙橋洋行「否認をめぐる紛争」松嶋英機＝伊藤眞＝園尾隆司『専門訴訟講座⑧倒産・再生訴訟』（民事法研究会，2014年）139頁以下。
144)　長谷川・前掲（注34）35頁。長谷川は，会社分割や事業譲渡による事業再生は事実上不可能になるのではないかという批判に対しては，債務超過会社にそのような組織再編の自由の制限をかければよいと述べる（長谷川・前掲（注34）59頁以下）。
145)　事業再生のためになされる相当な会社分割についてまで，詐害行為取消権の行使が認められる可能性があるとは考えられないと示す判例（会社分割判例(1)④）もある。
146)　詐害性の判断は，事業再生スキームによって，事業の経営安定化による収益向上，さらにそれを通じた分割会社の配当増加を企図する良い会社分割を取り消してしまってはならないという見解がある（浅田・前掲（注102）48頁）。

第4章　結　　語

I　本書の結論

　本稿は，詐害的会社分割や詐害的事業譲渡における「詐害性」とは何か，という問題を設定し，詐害性が認められない会社分割や事業譲渡であるとされる判断基準について考察してきた。

　詐害性の本質を探るために，本稿は，第一に，会社法上の直接履行請求権，破産法上の否認権および民法上の詐害行為取消権の要件である詐害性について，これらの要件，効果そして関係性を整理した。第二に，詐害性の意義は平時および倒産時に連続して捉えられること，および詐害性の判断基準の内容，第三に，詐害性が認められない会社分割や事業譲渡であるとされるための具体的な判断のあり方について，順に検討した。

　第1章では，上記の課題を検討する前提として，会社分割や事業譲渡の制度概要，判例および学説の展開における詐害性の捉えられ方，そして関連規定の内容等を確認した。ここでは，詐害行為に該当すると解されうる具体的事例の蓄積により，詐害性の意義は一定程度明らかになっていること，個々の事案における詐害行為が，狭義の詐害行為か，偏頗行為か，あるいは相当対価処分行為なのか，分類が難しいこと等を示した。

　第2章では，本稿における問題設定を検討するにあたり，ドイツ法から示唆を得るために，ドイツ法について分析し，詐害性の判断基準について明らかにしようとした。ドイツにおいても，わが国における直接履行請求権と対比される会社分割当事会社の連帯責任や他の債権者保護規定，詐害性の意義は，組織

再編法，倒産法および債権者取消権法民法上の規定が互いに関係し，各法領域上に交錯している。

詐害性の判断基準は，主として倒産法上の否認の類型から導き出されており，ここでは次のことが確認できた。すなわち，詐害行為とされる行為の詐害性は，倒産債権者が客観的に害されていることが前提となっており，詐害性の概念としては幅広く，具体的な否認の分類にかかわらず，債権者平等が害されているかということが問題とされている。詐害性の判断は，債権者平等を基礎としながら，具体的な事案の概要を考慮に入れるという取扱いがされている。偏頗行為否認については，債権者平等が害されていることのほかに，債務者の行為態様や意思について総合的な判断が行われている。事業再生スキームに関しては，詐害性は，事業再生のねらい，事業再生が成功する見込みやその努力，もしくは失敗するリスク等の不確定要素が多いなかで，会社の行為態様から詐害性が判断されていくことになる。債権者平等の原則と債権者平等取扱の原則との関係について，債権者平等は倒産法上の概念であり，平時の債権者平等取扱の原則とは保護目的に相違はあるが構成要件は類似していることから，平時および倒産時に共通してあてはまると解されている。

なお，ドイツの組織再編法制の検討にあたり，ドイツの多くの会社がコンツェルン体制をとっていることや，1994年以降の組織再編法や倒産法の整備が，事業再生における組織再編の促進を目的として行われていること，組織再編に関する判例および学説は，事業継続を重視しているように観察されることに，留意する必要があると考えられる。

第3章では，本稿の検討課題について，ドイツ法の検討結果を手がかりにして考察した。まず，会社法，民法および破産法を交錯する詐害性の意義について，詐害的会社分割に関する判例および学説を検討し，主に破産法上の否認の類型を整理することによって結論を得た。

詐害性は，破産法上の否認の類型をもとに，狭義の詐害行為，相当対価処分行為，偏頗行為のいずれから捉えられるべきか問題となっており，学説上も検討が進んでいる。学説上は，端的に，弁済率の低下が詐害性に該当するという見解もみられてきたが，個別の事案ごとに詐害行為の内容は複合的である。

第4章 結　語

　破産法160条1項の狭義の詐害行為とする学説，161条1項の相当対価処分行為とする学説，162条1項の偏頗行為とする学説について，いずれも難点があることから，一般原則に立ち返って，破産法160条1項によって解するとの学説が強く唱えられているところである。しかし，各学説とも，詐害的会社分割や詐害的事業譲渡においては，偏頗性すなわち債権者間の不平等が問題となるのは認めている。具体的な事案は，破産法上の否認の類型における詐害性の要件に重複して該当する可能性があり，さらに狭義の詐害行為に該当しない可能性もある。そうであるならば，詐害性の意義について，債権者平等を基軸として，再構成をすることも可能であると考えられる。すなわち，詐害性の判断は，債権者平等を基礎として，具体的な事案における債務者の行為態様や意図等の付加的な考慮要素を含めて，総合的に行うこと，すなわち大枠としては偏頗行為として捉えることができるのではないかと考えられる。

　破産法上の否認の類型に倣って調整された平成29年改正民法上の詐害行為取消権の特則は，構成要件の相違が存在するところもあるが，詐害性の意義は，破産法上の否認権と同様に捉えられる。破産法上の概念である債権者平等が民法上に適用されるかという問題については，詐害行為取消権が執行段階における債権者平等を実現するための前提を整えるという目的も含んでいると理解することによって，解決されると考えられる。

　本稿は，破産法上の否認権と民法上の詐害行為取消権は，類型ごとに濃淡はあるにせよ，詐害性について，債権者平等を基礎として，偏頗性として捉えていると理解する。しかし，詐害性は，債権者平等が害されている状態がただ客観的に存在することのみをもって，偏頗性があると解されるのではない。詐害性は，債権者平等が害されていること，そして，債務者の行為態様，債権者への加害の意思を含めて判断されると考えられる。そのように解することによって，詐害性を有する法律行為の具体的内容を，妥当な形で説明することができると思われる。詐害性は，債権者平等を基軸として幅広く捉えられたうえで，さまざまな行為態様，付加的な考慮要素を検討して判断されるものであるとする。事業再生スキームとして会社分割や事業譲渡が行われる場合の詐害性については，短期的に残存債権者に不利益があるとしても，近い将来，これが総債

権者の満足に資するものであるという見通しを説得的に示すことになる。

ある事象について詐害性が問題となるときは，まず，偏頗性の観点から債権者平等を害しているか検討する。次に，債務者の意図や行為態様等，さまざまな考慮要素を検討して，詐害性の意義を絞って考えていく。そして詐害性があるとされた場合には，その詐害性を退けうる事情があるか，さらに検討することになる。

すなわち，残存債権者への情報開示，不利益を受ける残存債権者の合意，中立で公正性のある第三者の関与といった項目である。実際の詐害性の判断のためには，詐害性の該当範囲ができるだけ狭く解釈されていることが望ましいと思われ，これらに該当するか検討していくことになると考えられる。

残存債権者の情報開示については，わが国の会社分割制度が事業譲渡の手続上の煩瑣性を取り除くために導入されたという趣旨に反することにもなろう。しかし，ドイツ法の検討結果からは，会社分割の実行が，残存債権者の不利益となる可能性が高いのであれば，その情報を当該債権者に提供しないこと自体が，役員の責任追及の対象となりうることになる。詐害性があるとされる場合であっても，上記の項目が存在すると，当該詐害性が退けられ，詐害性の認められない会社分割や事業譲渡であると判断されることになると考えられる。不利益を受ける残存債権者の合意や中立で公正性のある第三者の関与も，会社分割制度の利便性を覆すことになるものであるが，詐害性があると判断される可能性を退けるためには必要となる事項であると考えられる。

詐害性が認められない，本来の制度趣旨に適う会社分割や事業譲渡であるかということは，このような詐害性の判断基準により検討されることになるであろうということが，本稿の結論である。

II 残された課題

本稿が残してしまった課題は少なくない。第一に，本稿では，詐害的会社分割や詐害的事業譲渡の詐害性を，破産法162条1項の偏頗行為とする学説に沿って理解しているが，当該学説に対する破産法160条1項の狭義の詐害行為

とする学説からの批判について，正面から解決することができなかった。この論点に関するドイツ法上の問題状況の検討は行えていない。詐害性には偏頗性が含まれていると理解されることは共通しているなかで，その法的構造そのものが破産法162条1項に完全には一致しないこと，受益者の通謀に関する説明が難しいことについて再考し，より説得的に示す必要がある。

　第二に，第一の点と関連して，詐害的会社分割や詐害的事業譲渡の詐害性の意義を検討するなかで，民法上の詐害行為取消権が424条1項を一般規定として置いていることについて，その意味を分析することができなかった。本稿の立場としては，破産法160条1項は一般規定ではないと解しているが，両法における一般規定のあり方を検討することは，本稿の検討課題を解決するための参考になると考えられる。

　第三に，会社分割や事業譲渡は，倒産処理手続，事業再生スキームの一環で行われることが多く，本稿の課題はそのような局面でより重要になると考えられるが，本稿では問題提起を行った程度にすぎず，事業再生に十分に焦点をあてることができなかった。事業再生については，非効率的な事業は清算し，効率的な事業へ資源を分配することが望ましく，詐害的な組織再編を行う可能性がある会社にまで継続企業価値や事業継続に配慮する必要はないとする見解もある。確かに，このような局面における詐害性の判断こそが難しい。しかし，事業継続が重視され，事業再生ADRも含め，事業再生の利用が進められようとしていることには注目しなければならない。事業再生における債権者の手続保障と事業譲渡の必要性，手続上の実効性や迅速性の優先という，相反する問題について法律的な構造が十分に明らかにされていない。事業再生における事業継続と債権者平等の拮抗の問題について，両者の調整をどのように図るべきか，詳細な研究が必要であり，詐害的の認められない会社分割や事業譲渡のあり方を完全に示すためには，この問題について検討しなければならない。

　以上の点については，今後の研究で明らかにしていきたい。

索　引

あ

EC会社分割指令 …………………………………… 43
EC合併指令 ………………………………………… 43
ESUG ………………………………………………… 37
意思表示説 ………………………………………… 77
一般的詐害行為取消権 ………………………… 119

か

外観保護説 ………………………………………… 106
会社分割 ……………………………………………… 3
会社分割自由の原則 ……………………………… 47
会社分割制度 ………………………………………… 19
会社分割当事会社の連帯責任 ………………… 46
会社分割無効の訴え ………………………… 12, 117
加　害 ………………………………………………… 60
価額償還 …………………………………………… 116
換価の困難性 ……………………………………… 120
間接的な加害 ………………………………………… 60
企業再建を更に促進する法律 ………………… 36
狭義の詐害行為 …………………………………… 111
狭義の詐害性 ……………………………………… 110
形式的平等 ………………………………………… 126
現物返還 …………………………………………… 116
権利外観説 ………………………………………… 77
故　意 ………………………………………………… 64
故意による加害を理由とする否認 ……… 58, 64
個別承継 ……………………………………………… 4

さ

債権者異議手続 ………………………………… 55, 104
債権者取消権 ……………………………………… 72
債権者取消権法 …………………………………… 26, 72
債権者の平等取扱原則 ……………………… 62, 67
債権者平等 ……………………………………… 6, 125
債権者平等の原則 …………………………… 62, 67
財産の分離管理 …………………………………… 41
債務超過 …………………………………………… 59
債務の履行の見込みに関する事項 ……………… 4
詐害意思 …………………………………………… 119
詐害行為取消権 ………………………………… 116
詐害行為否認 …………………………………… 110
詐害性 ……………………………………… 13, 108
詐害性の判断基準 ……………………… 14, 127
詐害的会社分割 ……………………………… 4, 104
詐害的事業譲渡 ………………………………… 105
残存債権者 ………………………………… 1, 19
事業継続 …………………………………………… 78
事業再生 ……………………………………… 6, 69
事業再生ADR ……………………………… 6, 129
事業再生の見込み ……………………………… 70
事業譲渡 ……………………………………………… 4
実質的平等 ……………………………………… 126
私的整理 ……………………………………… 6, 134
支払停止 …………………………………………… 129
支払不能 ……………………………………… 7, 58
支払不能のおそれ ……………………………… 59
修正型連帯責任 ………………………………… 52
修正二段階検討説 ……………………………… 59
商号続用責任 ……………………… 15, 76, 105
情報開示 …………………………………………… 132
消滅分割 …………………………………………… 40
信託公社分割法 ………………………………… 44
清算価値保障原則 …………………… 7, 132
責任継続性説 …………………………………… 78
総債権者の同意 ……………………… 131, 132
相当対価処分 …………………………………… 114
相当対価処分行為 …………………… 21, 22, 119
相当対価否認 …………………………………… 110
組織再編に係る決議の効力を争う訴え ……… 83

組織再編の存続保護 …………… 84, 86
組織再編法 …………………… 37, 40
存続分割 ………………………… 40

た

担保提供義務 …………………… 45
中立公正な第三者の関与 ……… 132
重畳的債務引受 ………………… 13
直接的な加害 …………………… 60
直接履行請求権 …………… 19, 104
通謀的害意 ………………… 121, 122
登記停止の解除 ………………… 85
登記の遮断効 …………………… 85
倒産法 …………………………… 26
特定の債権者に対する担保供与等の特則 …… 21

な

二元的構成 ……………………… 112

は

破産債権者を直接に害する法律行為の否認
　………………………………… 58, 62

判断基準 ………………………… 108
否認権 …………………………… 57
非本旨弁済の否認 …………… 57, 62
付加的な考慮要素 ……………… 128
不足額填補責任 ………………… 52
分離分割 ………………………… 40
弁済率 …………………………… 108
偏頗行為 ………………………… 112
偏頗行為否認 …………………… 111
偏波行為への準備行為 ………… 111
偏頗性 ……………………… 108, 110
偏頗的行為 ……………………… 121
包括承継 ………………………… 5
法人格否認の法理 …………… 12, 116
本旨弁済の否認 ……………… 57, 61

ま

未必の故意 ……………………… 65
役員の損害賠償義務 …………… 46
優先主義 ………………………… 74
連帯責任の性質 ………………… 51
連帯責任の範囲 ………………… 51

■ 著者紹介

牧　真理子（まき　まりこ）

1977年　兵庫県生まれ
関西学院大学法学部卒業
同大学院法学研究科博士課程前期課程修了
東北大学大学院法学研究科博士後期課程満期退学
大分大学経済学部講師を経て，
現在　大分大学経済学部准教授

Horitsu Bunka Sha

組織再編における債権者保護
――詐害的会社分割における「詐害性」の考察

2018年10月5日　初版第1刷発行

著　者　　牧　　真理子
発行者　　田　靡　純　子
発行所　　株式会社　法律文化社

〒603-8053
京都市北区上賀茂岩ヶ垣内町71
電話 075(791)7131　FAX 075(721)8400
http://www.hou-bun.com/

＊乱丁など不良本がありましたら，ご連絡ください。
　送料小社負担にてお取り替えいたします。

印刷：㈱冨山房インターナショナル／製本：㈱藤沢製本
装幀：前田俊平
ISBN 978-4-589-03961-3
Ⓒ2018 Mariko Maki Printed in Japan

JCOPY　〈(社)出版者著作権管理機構　委託出版物〉

本書の無断複写は著作権法上での例外を除き禁じられています。複写される
場合は，そのつど事前に，(社)出版者著作権管理機構（電話 03-3513-6969,
FAX 03-3513-6979, e-mail: info@jcopy.or.jp) の許諾を得てください。

山下眞弘著 **会社事業承継の実務と理論** ―会社法・相続法・租税法・労働法・信託法の交錯― Ａ５判・198頁・3000円	第一線の研究者が多分野にまたがる事業承継問題を縦横に論じる。重要判例・学説を漏れなく解説しながら，最新の実務と留意点を簡潔に紹介する理論実務書。手に取りやすい文体や体裁を意識し，各章冒頭に要旨を，章末に参考文献を付す。
北村雅史・高橋英治編 ［藤田勝利先生古稀記念論文集］ **グローバル化の中の会社法改正** Ａ５判・474頁・9800円	会社法改正の二つの柱である「企業統治」と「親子会社」に関する諸問題の実務的・比較法的検討を通じて，日本の会社法制がグローバル化のなかでどのように変容しているのかを論究する。
畠田公明著 **会社法のファイナンスとＭ＆Ａ** Ａ５判・258頁・3300円	会社法におけるファイナンスと組織再編・企業買収（Ｍ＆Ａ）の体系的概説書。各項目につき，適宜，実践的な具体例を挙げ丁寧に解説するとともに，関連重要判例や論点に言及。各章末に設問を付し，全編にわたって「考えながら学ぶ」工夫を施す。
藤田勝利・北村雅史編 **プライマリー会社法〔第４版〕** Ａ５判・350頁・2900円	制度の概要と会社法の全体像を理解するうえで定評のある教科書の改訂版。論点やコラムで本文の説明を補足し，アクセントを与える。2014年改正に対応して記述を見直しつつ，第３版刊行以降の重要判例等を盛り込んだ。
高橋英治編 **設問でスタートする会社法** Ａ５判・256頁・2300円	設問を解きながら会社法の全体像を理解していく新しいタイプの教科書。会社法の前提知識がない人にも理解できるよう設問や叙述に配慮。学部期末試験やロースクールの入学試験だけでなく，公務員試験や各種資格試験にも対応。

―法律文化社―

表示価格は本体（税別）価格です